아도르노가 들려주는

예술 이야기

아도르노가 들려주는

예술 이야기

ⓒ 조극훈, 2008

초판 1쇄 발행일 2008년 12월 13일
초판 10쇄 발행일 2021년 2월 5일

지은이   조극훈
그림   정은미
펴낸이   정은영

펴낸곳   (주)자음과모음
출판등록 2001년 11월 28일 제2001-000259호
주소   04047 서울시 마포구 양화로6길 49
전화   편집부 (02)324-2347 경영지원부 (02)325-6047
팩스   편집부 (02)324-2348 경영지원부 (02)2648-1311
e-mail   jamoteen@jamobook.com

ISBN   978-89-544-0831-8 (64100)

아도르노가 들려주는

예술 이야기

조극훈 지음

|주|자음과모음

이 책은 독일의 비판 이론가인 아도르노의 미학 사상을 풀이한 책입니다. 아도르노는 철학과 예술에 관심을 가지면서, 산업사회의 문제점을 비판하고 이를 극복하기 위해 노력했습니다.

아도르노는 서양 철학이 가지고 있는 이성의 폭력성이 산업사회의 문제점들을 만들어냈다고 여겼습니다. 서양 철학에서 이성은 세상의 모든 것을 설명할 수 있는 절대적인 원리입니다. 따라서 이성은 이성 아닌 것을 강제로 자기 속에 포섭시키려 하면서 폭력성을 띠게 되었습니다. 이성적인 것만이 옳고 다른 것은 모두 틀렸다고 생각하는, 한마디로 자기중심적인 태도이지요.

아도르노는 이러한 사고방식을 '동일성 철학'이라고 말합니다. 동일성 철학은 모든 것을 수로 환산하여 평균값을 내고, 그 평균값에 미치지 못하는 것은 무시하는 태도입니다.

아도르노는 나치즘의 폭력성도 바로 이러한 동일성의 사고에서 비롯 되었다고 말합니다. 나치즘은 자신이 가장 우월한 이성이며 여기에 동조하지 않는 다른 것들은 모두 없애야 한다고 생각했던 것이죠. 수백만의 유대인 학살도 이처럼 획일적인 이성의 폭력성에서 나왔던 것으로 볼 수 있습니다.

아도르노는 이러한 문제의식을 가지고 본격적으로 현실 비판을 합니다. 그는 이성의 폭력이 난무하는 현실을 '관리되는 세계'라고 부릅니다. 관리되는 세계에서 개인은 집단의 폭력 때문에 자율성과 창조성을 잃었습니다. 인간이 자연을 지배하기 위해 내세운 이성이 이젠 인간이 인간을 지배하기 위한 이성으로 바뀐 셈입니다.

아도르노는 호르크하이머와 함께 《계몽의 변증법》이라는 책을 썼습니다. 이 책에서 그는 자유와 이성, 진보를 강조하는 계몽이 오히려 인간을 억압하고 퇴보하게 만들었다고 비판합니다.

계몽은 원래 다른 것에 의존하지 않고 인간 스스로 생각하고 판단하며 결정할 수 있는 자율성을 강조합니다. 그렇지만 현대 산업사회에서는 거꾸로 그러한 이성이 권력을 획득하거나 재산을 모으기 위한 도구로 바뀌었습니다. 아도르노는 이렇게 변질된 이성을 도구적 이성이라고 부릅니다. 그리고 도구적 이성에 의해 왜곡된 인간과 세상의 모습을 창조적인 모습으로 바꾸려고 노력했지요.

《아도르노가 들려주는 예술 이야기》도 이러한 사회비판 이론과 깊은 관련이 있습니다. 도구적 이성에 의해 관리된 세계에서 예술은 개인의 자율성과 사회 통합을 추구하기보다는 현실의 고통을 은폐하는 수단이 되었습니다.

현대 산업사회에서 예술은 돈으로 살 수 있는 교환가치일 뿐입니다. 즉, 상품이 되어 버린 것이지요. 상품이 되었다는 것은 그것이 본래 가지고 있는 고유한 가치보다 시장에서 얼마에 팔리고 얼마나 잘 팔리느냐 하는 것이 더 중요해졌다는 걸 뜻합니다.

사람들은 비싼 미술품을 구매함으로써 자신들의 부를 과시합니다. 요즘처럼 미술품 시장이 발전하는 것도 같은 맥락이라고 할 수 있지요. 아도르노는 이처럼 현대 산업사회에서 예술이 타락하는 현상을 '문화산업'이라는 말로 설명합니다.

복제 기술의 발전으로 인해 이젠 예술 작품도 대량으로 복제되어 많은 사람들이 가질 수 있게 되었습니다. 문화산업으로 인해 예술마저도 대량생산과 소비가 가능해진 것이지요. 아도르노는 왜 이것이 문제가 된다고 보았을까요?

원래 예술은 개인의 자율성을 지키고 사회를 통합하는 역할을 합니다. 하지만 문화산업은 소비자를 수동적인 존재로 만듭니다. 다른 사람이 소비하는 모습을 보고 따라하기 때문에 소비자의 개성을 잃게 하고, 복제되어 나오는 상품처럼 규격화된 인간으로 만들 수가 있지요.

그 예로 겉모습만을 중시하는 외모 지상주의나 명품족을 들 수 있습니다. 본래 아름다움은 외모뿐만 아니라 성격, 개성, 행동, 취미, 마음 등에서 다양하게 느낄 수 있습니다. 하지만 사회에 팽배하는 외모지상주의는 아름다움의 기준을 오로지 겉모습에서만 찾습니다. 이는 다양한 아름다움이 있다는 것을 무시하는 편협한 생각이지요. 명품족도 마찬가지로 자신의 개성을 중요시하지 않고 그저 남들에게 과시하거나 다른 사람을 따라하는 마음 때문에 생깁니다.

관리되는 사회에서 문화산업은 예술을 말초적인 오락물로 만들어 버립니다. 그러면서 사람들로 하여금 현실의 고통에서 도피하게 하고 인간의 자율성을 억압하지요.

아도르노가 죽은 이후에 출판된 《미학 이론》에서 그는 아름다움과 추함은 함께 이해되어야 한다고 강조합니다. "모든 아름다운 것은 한때 추한 것이었다"라는 어느 철학자의 말이 있듯이, 추한 것이나 아름답지 않은 것을 숨기고 단지 즐거움만 주려 하는 예술은 비자율적 예술입니다.

아도르노는 예술이 자율적이어야 한다고 주장합니다. 예술은 현실의 어둠과 고통을 표현함으로써 자율성을 상실한 사람들을 일깨우는 역할을 해야 합니다. 아도르노는 자율적인 예술을 위해 미메시스라는 개념을 가져왔지요.

미메시스는 본래 '모방'이라는 뜻입니다. 현실을 잘 모방하는 작품일수록 훌륭한 예술품이라는 것이지요. 그러나 아도르노는 미메시스를 잘못된 퇴행적 미메시스와 반성적 미메시스로 구분합니다. 잘못된 미메시스는 상품화된 현실을 그대로 모방하는 것입니다. 관리되는 사회에서 이성의 폭력성에 의해 왜곡된 현실을 그대로 모방한다면 창조적인 예술품이 나올 수 없겠지요. 그것은 오히려 현실을 합리화하는 수단이나 다름없게 될 것입니다.

그에 반해 반성적 미메시스는 사회 현실의 어둡고 고통스런 측면을 모방함으로써 현실의 부조리를 드러냅니다. 《어린 왕자》에서 말하듯 정말 중요한 것은 눈에 보이지 않습니다. 아도르노는 보이지 않는 것들을 반성적 사고를 통해 예술이 이끌어 내어야 한다고 말합니다.

반성이란 거울에 빛이 반사되어 되돌아오는 것을 뜻하죠. 반성하기 전에는 자신의 참모습을 보기가 힘듭니다. 예술은 반성적 미메시스를 통해 현실의 부조리를 비판하고, 사람들로 하여금 자신을 되돌아 볼 수 있는 계기를 마련해 줄 것입니다. 여러분도 이 책을 통해 진정한 아름다움이 무엇인지 고민해 볼 수 있는 시간을 가졌으면 좋겠어요.

저를 아는 소중한 분들과 제 곁에서 항상 힘이 되어 주는 사랑하는 익태, 예란이와 이 책이 나오는 기쁨을 함께 하고 싶습니다.

2008년 10월

조극훈

C O N T E N T S

프롤로그

"예솔아, 얼른 나와. 늦겠어."

"잠깐만요. 금방 나갈게요."

나는 한참을 옷장 앞에서 고민하다가 줄무늬 원피스를 꺼내 입었습니다. 오늘따라 왜 이렇게 마음에 드는 옷이 없는지 모르겠어요.

"뭐하느라고 그렇게 꾸물거리니? 얼른 나오지 않고."

"……."

"예솔아?"

나는 거울에 비친 내 모습을 찬찬히 살펴보고 거실로 나갔습니다. 엄마는 시계를 보시며 안절부절못하고 계셨습니다.

"조금이라도 늦으면 네 탓이야. 엄마는 할아버지께 야단맞기 싫다."

우리는 서둘러 국립교양예술회관으로 향했습니다. 오늘은 아주 중요한 공연이 있는 날이거든요.

'삶을 노래하는 소리꾼, 이성음. 국악 인생 50년 기념 특별 공연. 아

들 이진수와 함께하다.'

여러분도 눈치챘겠지만 유명한 소리꾼인 이성음 씨가 우리 할아버지고요, 아들인 이진수 씨가 우리 아빠예요. 우리 아빠는 소리꾼은 아니지만 북을 치는 사람이라서 할아버지와 함께 공연하시는 거지요.

우리 할아버지는 공연 시간에 늦는 걸 굉장히 싫어하십니다. 가족이라고 해도 예외가 없어요. 일단 공연이 시작되고 나면 아무리 대단한 사람이라고 할지라도 공연장에 들어갈 방법이 없지요.

내가 옷을 고르느라 많은 시간을 허비하는 바람에 공연 시간이 얼마 남지 않았습니다. 운전을 하시는 엄마의 얼굴이 조금 초조해 보였어요. 나는 엄마께 미안한 마음이 들기도 했지만 불만이 쌓이기도 했습니다. 엄마가 미리 예쁜 옷을 몇 벌 사 주셨다면 얼른 나갈 준비를 마쳤을 테니까요.

"엄마, 옷 좀 사 주세요."

"갑자기 웬 옷 타령이야?"

"입을 옷이 없어서요."

"지금 입은 건 옷 아니고 뭐니?"

"예쁜 옷이 없잖아요. 오늘도 기자들이 사진 찍을 텐데 예쁘게 보여야죠."

"네가 연예인도 아니고, 예쁘게 보일 게 뭐가 있어?"

"나중에 유명한 사람이 될 거니까 미리 이미지 관리를 해 두어야 한다고요. 텔레비전에서 보면 유명한 연예인들 과거 사진이 공개되잖아요. 오늘 찍게 될 사진들이 제가 크면 증거 사진으로 쓰일 수도 있단 말이에요."

"하하하, 예술아. 그건 걱정할 필요가 없을 거 같은데! 그동안 나왔던 사진들 봤잖니? 다 할아버지께 꽃을 드리는 뒷모습만 나왔는데 누가 너를 알아보겠어?"

엄마의 말씀에 뾰로통해져서 자동차 앞 유리만 뚫어져라 보았습니다. 엄마의 말씀이 맞지만 앞모습이 찍힌 사진이 있을지 누가 알겠어요.

"이예술, 삐친 거야? 뭐 뒷모습도 알아보는 사람들은 알아보겠지? 그래도 그런 사진보다는 졸업 사진이 중요해. 뒷모습만 나온 사진은 내가 아니라고 우기면 되지만 졸업 사진은 이름까지 정확하게 찍혀서 속일 수가 없잖아. 졸업 사진 찍을 때 엄마가 예쁜 옷 두 벌 사 줄게. 알았지?"

엄마의 말씀에 나는 기분이 조금 좋아졌어요. 듣고 보니 그런 거 같기도 하고, 어찌 됐든 예쁜 옷 두 벌이 생기게 됐으니까요.

우리는 다행히 공연 시간에 늦지 않았습니다. 초조해 보이던 엄마의 얼굴이 금세 좋아지셔서 마음이 놓였어요. 우리는 할아버지께서 지정해 두신 가족 초대석에 앉았습니다. 나는 할아버지께 드릴 꽃다발을 무릎에 놓고 공연이 시작되기를 기다렸어요.

잠시 후 공연 시작을 알리는 종이 울리고, 어두운 무대 쪽에서 할아버지의 목소리와 아빠가 치는 북소리가 울려 퍼졌습니다.

"아가 아가 우리 아가 오늘 어찌 지내느냐?
눈비 와도 내가 맞고 바람 불어도 내가 참지.
그저 그저 잘 자라서 무사히만 나오너라."

노래가 끝나자 무대가 밝아지면서 할아버지와 아빠의 모습이 보였습니다. 할아버지께서는 아직도 노래의 여운을 느끼시는 표정이셨고, 아빠는 북을 세워서 잡고 있었습니다.

"안녕하십니까? 이성음입니다. 제 소리를 들으러 와 주신 여러분들께 감사의 인사를 올립니다. 방금 들으신 노래는 우리네 어머니들께서 뱃속에 있는 아이들에게 불러 주시던 노래입니다. 걸걸한 제 목소리로 들으셔서 다소 불편하셨지요? 그래도 저의 소리 인생을 시작하게 해 준

제일 소중한 노래입니다.

다음 노래는 자식을 키우는 분이시라면 누구나 느낄 수 있는 고통과 기쁨에 관한 노래입니다.”

인사를 마치신 할아버지께서는 아빠의 북소리에 맞추어 노래를 부르셨습니다. 나는 할아버지의 소리를 들으며 손가락으로 장단을 맞추었습니다.

나는 어릴 때부터 할아버지의 소리와 아빠의 북소리를 들으며 자랐습니다. 그래서 다른 친구들이 학교에서 배운 동요나 텔레비전에서 들은 가요를 부를 때, 나는 할아버지께서 가르쳐 주신 전래 동요나 민요를 불렀어요. 물론 가요도 많이 듣고 따라 불렀지만 왠지 전래 동요나 민요를 부르는 게 더 좋았어요.

할아버지께서는 내가 수없이 많이 들어 본 곡들 중 몇 곡을 온 힘과 정성을 다해 부르셨습니다. 할아버지께서 한 곡을 부르실 때마다 객석에서는 엄청난 박수 소리가 터져 나왔어요. 할아버지가 정말 자랑스러웠습니다.

할아버지와 아버지의 공연이 끝나고 무대 쪽으로 가서 꽃다발을 드렸습니다. 땀을 닦으시던 할아버지께서 환한 미소로 꽃다발을 받으셨고,

여기저기서 플래시가 터졌어요. 나는 혹시나 앞모습이 신문에 실릴까 싶어서 아주 천천히 자리로 돌아왔어요.

다음날 나는 할아버지의 환한 미소와 줄무늬 원피스만 눈에 띄는 사진들을 보게 되었습니다. 내가 천천히 자리로 들어올 때도 분명히 카메라 플래시가 터지고 있었는데, 왜 내 얼굴이 나온 사진은 한 장도 없는 것일까요?

속이 상하기는 했지만 할아버지 대신 내 얼굴이 신문에 나올 날을 상상하며 기분을 풀었어요. 어른이 되면 나 역시 할아버지처럼 유명한 국악인이 될 테니까요.

아름다움이란 무엇인가

 철학은 다채로운 빛을 내는 프리즘이다. — 아도르노

1 진정한 아름다움이란?

"예술아, 같이 가자."

고개를 돌려 보니 단짝 친구인 지수가 뛰어 오고 있었습니다.

"책가방은 어쨌어? 공책이랑 필통은?"

"아, 우리 반 청소가 너무 늦게 끝나서 챙겨 오지 못했어. 이따 가 펜이라도 좀 빌려 줘."

"알았어. 얼른 가자."

우리는 다정하게 토론 수업이 있는 교실로 들어갔습니다. 이미 자리에 앉아 수다를 떨던 친구 몇 명이 우리를 보고 인사를 했습니다.

"안녕? 오늘도 나란히 입장하셨네?"

"응, 오다가 복도에서 만났어."

"나중에 너네 둘이 그룹을 만들어서 가수를 하는 게 어때? 둘다 얼굴도 예쁘고 노래도 잘 부르니까 어울릴 것 같은데. 둘이 친하니까 싸울 일도 없고……. 어때?"

"오! 그거 괜찮은데? 나는 원래 가수가 꿈이잖아. 예솔아, 나의 꿈을 받아 줘."

지수는 마치 대단한 발견이라도 한 듯이 크게 몸짓을 하며 말했습니다. 나와 친구들은 그런 지수의 모습에 '풉' 하고 웃고 말았어요.

"선생님이 보기에 지수는 가수보다 영화배우에 더 소질이 있는 것 같다. 안 그러니, 얘들아?"

교실 밖에서 우리들이 하는 이야기를 들으셨는지 선생님께서 농담을 하셨습니다.

"안녕하세요?"

"그래, 일주일 동안 잘 지냈니? 오늘 날씨가 흐려서 기운이 없을까 걱정했는데 다들 표정이 밝아 다행이야. 그럼 수업을 시작해 볼까?"

선생님께서는 준비해 오신 자료를 우리들에게 나누어 주셨습니다. 나는 토론 주제가 무엇일지 궁금했습니다. 나는 공부를 별로 좋아하지는 않지만 토론 수업 시간에 배우는 내용은 참 흥미롭거든요.

나는 자료를 받자마자 제목을 보았습니다.

'진정한 아름다움이란 무엇인가?'

크고 굵은 글씨로 된 제목 밑에는 여러 개의 짧은 글이 적혀 있었습니다. 아마도 진정한 아름다움에 대한 글이겠지요? 토론이란 건 찬반이 있어야 하고 아름다움은 당연히 좋은 것인데 이 주제로 토론을 할 수 있을까요?

"자료를 다 받았나요? 그 자료는 잠시 뒤에 읽기로 하고 이것을 먼저 보세요."

선생님께서는 우리에게 사진 몇 장을 보여 주시면서 설명을 덧

붙이셨습니다.

"이것은 테레사 수녀의 사진이에요. 여러분도 잘 알고 있겠지만 테레사 수녀는 가난한 사람들을 위해 평생을 바친 분이지요. 이 분의 모습이 어떻게 보이는지 한번 생각해 보세요."

나는 사진 속의 얼굴을 찬찬히 살펴보았습니다. 화장을 하지 않은 맨 얼굴에 주름까지 깊게 패였지만 따뜻한 미소를 지닌 모습이었습니다.

선생님께서는 잠시 뒤 최근 들어 엄청난 인기를 누리고 있는 여자 연예인의 사진을 보여 주셨습니다.

"이것은 우리나라뿐만 아니라 외국에서도 인기가 많은 영화배우 김미희 씨의 사진이에요. 연기력이 아주 뛰어난데 얼굴에 대한 콤플렉스가 심해서 벌써 스물 세 번이나 성형수술을 했다고 하지요. 자, 김미희 씨의 모습이 어떻게 보이는지 여러분 모두 한번 생각해 보세요."

나는 그 연예인의 예전 모습을 떠올리면서 사진을 살펴보았습니다. 유명한 연예인의 사진이라서 그런지 몇몇 아이들이 웅성거렸습니다.

분명 김미희 씨의 얼굴은 나이에 비해 어려 보이고 이목구비가 뚜렷하여 예뻐 보였습니다. 그러나 어딘지 모르게 부자연스러운 느낌이 들고 테레사 수녀의 모습에서 느낀 따뜻하고 편안한 분위기는 없었습니다.

"선생님, 두 사진을 비교해 보니 테레사 수녀님의 사진이 더 아름다운 것 같아요. 아름다움의 기준에는 외모 외에도 성격이나 행동방식, 마음 등이 있잖아요? 겉모습만으로 아름다움을 평가하는 것은 좁은 생각 아닐까요? 다양한 아름다움이 있다는 것을 안다면 테레사 수녀님의 모습이 더 아름다워 보일 거라고 생각해요."

"오!"

교실 내에서 잔잔한 탄성이 일었습니다. 다들 서영이의 말에 감탄을 하는 것이지요. 서영이는 늘 전교 1등을 하는 친구인데, 아는 것이 많고 말재주도 좋아요.

"전 생각이 달라요. 아름다움의 기준이 여러 가지라는 건 알지만 그래도 영화배우 김미희가 더 예뻐 보이는 걸요. 테레사 수녀님이 더 아름다워 보인다는 말은 모범 답안을 의식한 것 아닌가요?"

우리의 탄성이 채 끝나기도 전에 수현이가 서영이의 말에 반대한다며 나섰습니다. 생각지도 못했던 대결 분위기에 교실 분위기는 썰렁해지고 말았습니다. 나는 이런 분위기에 끼고 싶지 않았지만 하고 싶은 말이 있어서 입을 열었습니다.

"저는 테레사 수녀님과 김미희 씨의 모습이 아름다워 보이기도 하고 아름답지 않아 보이기도 해요."

침묵을 깨고 나온 내 말에 친구들은 고개를 갸우뚱했습니다. 아마도 웬 뚱딴지 같은 소리냐는 뜻이겠지요. 두 사람 중 한 사람이 아름답다고 말해야 하는 상황인데 둘 다 아름답기도 하고 아름답지 않기도 하다니, 친구들의 반응도 무리는 아니에요. 나는 친구들의 반응에 아랑곳하지 않고 말을 이어나갔습니다.

"사진을 보면 누구나 알 수 있듯이 테레사 수녀님은 '얼짱'도 아니고 '몸짱'도 아니에요. 하지만 따뜻한 미소와 편안한 느낌 때문에 아름답다는 생각이 들어요."

내가 테레사 수녀에 대한 생각을 말하자 교실 분위기가 다시 술렁거렸습니다.

"여러분, 조용히 하고 예솔이의 의견을 들어 보세요. 예솔아, 김미희 씨의 모습에 대해서는 어떻게 생각하니?"

"네, 저는 김미희 씨가 나오는 영화를 무척 좋아해요. 그건 김미희 씨가 연기를 잘하고, 연기를 할 때의 모습이 훨씬 더 예뻐 보이

기 때문이에요. 물론 선생님께서 보여 주신 사진 속의 모습도 예뻐 보이기는 하지만 어딘지 모르게 부자연스러워 보여요. 아마도 성형수술을 자주 해서 그런 거 아닐까요?"

"그렇다면 예솔이는 대체 아름다움의 기준이 무엇이라고 생각하니?"

"제 생각에는 사람들이 각자의 일에 최선을 다하는 모습이 아름다움인 것 같아요."

"그래, 의견 잘 들었다. 다른 친구들도 자신의 의견을 한 번 말해 볼까?"

나는 엄청난 숙제를 끝마친 기분이 들었습니다. 옆에서 지수가 엄지손가락을 들어 보이며 씽긋 웃었습니다. 다른 친구들도 저마다의 의견을 꺼내 놓기 시작했습니다.

"우리들은 누구나 예뻐 보이고 싶어 해요. 그래서 남들보다 더 멋진 옷을 입고 더 멋진 신발을 갖고 싶어 하는 거지요."

"사람을 외모로 평가하는 외모지상주의는 옳지 않다고 생각해요. 외모는 아름다운 것들 중에 하나이지 아름다움에 외모만 해당되는 것은 아니기 때문이에요."

"중요한 것은 내면이에요. 사람들은 눈으로 쉽게 볼 수 있는 외면의 아름다움만을 찾으려고 해요. 이것은 내면의 아름다움을 볼 수 있는 눈이 없기 때문이라고 생각해요."

"우리가 외면의 아름다움을 쫓는 것은 현대사회의 문제라고 생각해요. 현대사회에서는 돈과 상품의 가치가 중요하고 물건을 많이 팔아 돈을 벌기 위해서 광고에 예쁜 연예인들을 등장시켜요. 그럼 사람들은 예쁜 연예인과 좋은 상품, 돈을 같이 연결하여 생각하게 되고 '예쁜 것이 좋은 것이다' 는 생각을 할 수도 있어요."

친구들의 열띤 토론 시간이 거의 끝나가고 있었습니다. 선생님께서는 지금까지 나온 의견들을 정리해서 말씀해 주셨습니다.

"모두가 열심히 토론에 참여해서 굉장히 즐거운 시간이었어요. 다들 잘 알겠지만 토론이라는 것은 정답이 없지요? 자신의 생각과 그에 따른 타당한 근거를 정리해 두면 되는 거예요.

마지막으로 여러분에게 아도르노에 관한 얘기를 할게요. 여러분의 생각에 도움이 될 거예요."

"아도르노가 뭐예요?"

전교 1등 서영이가 눈을 빛내며 물었습니다.

"아도르노는 1903년에 독일에서 태어난 철학자의 이름이에요.

아도르노는 2차 세계대전을 겪으면서 예술이 어떤 의미가 있을까, 진정한 아름다움이 무엇일까 깊게 고민한 사람이지요."

"전쟁이 일어나면 건물이 무너지고 사람들이 죽어갈 텐데 예술과 아름다움에 대해서 고민할 필요가 있었을까요?"

이번에는 냉철하게 판단하는 수현이가 질문을 했습니다.

"그렇게 생각할 수도 있겠지만 전쟁이 일어난다고 사람들이 죽기만 하는 건 아니니까요. 일도 하고, 결혼해서 아이도 낳고, 공부도 해요. 그러니 철학자인 아도르노가 그런 고민을 했던 것은 오히려 당연한 일일 수도 있겠죠?"

"그렇다면 아도르노는 진정한 아름다움이란 도대체 무엇이라고 했어요?"

"아도르노는 현실의 고통을 표현해서 사람들이 현실을 극복할 수 있도록 하는 것을 진정한 예술이라고 생각했어요. 그리고 그런 예술이야말로 정말 아름다운 것이라고 여겼어요."

"현실의 고통을 표현하려면 예쁘고 멋진 것은 물론이고 슬프고 힘든 것까지 표현해야 하잖아요?"

"네, 맞아요. 아도르노는 더러운 것, 조화롭지 못한 것들도 아름다울 수 있다고 주장했어요. 숙제는 아니지만 다음 토론 시간까지 아도르노는 더러운 것, 슬픈 것, 조화롭지 못한 것을 왜 아름답다고 했을까 생각해 오세요. 오늘 수업은 이만 마치겠어요."

"네, 감사합니다."

토론 수업이 끝나자 친구들은 하나 둘씩 자리를 떴습니다. 나는 공책에 '아도르노'라는 이름을 써 두었습니다. 철학자라고 하면 소크라테스밖에는 모르지만 집에 가서 꼭 알아보리라 마음먹었습니다.

2 아름다워지고 싶다면

교실을 나와서 지수네 반으로 갔습니다. 잠깐 지수네 반 게시판을 보고 있는 사이 지수는 가방을 챙겼습니다.

"예솔아, 가자."

"응."

우리는 교문을 빠져 나와 집으로 향했습니다. 우리 집과 지수네 집은 가깝기 때문에 매일 함께 학교에 갔습니다.

"너 김미희가 아름다워 보이기도 하고 아름답지 않아 보이기도 한다고 했던 말 진심이야?"

"응, 왜?"

"어떻게 김미희가 아름답지 않아 보일 수가 있어? 갸름한 얼굴, 큰 눈, 오똑한 코, 늘씬한 몸매, 뭐 하나 부족한 게 없는데……. 요즘 닮고 싶은 여자 연예인 1위가 김미희잖아."

"나도 '내일이 오면'이라는 드라마에서 김미희가 나오는 것을 보고 저렇게 생겼으면 하고 바란 적이 있지만 아까 그 사진 속의 얼굴은 별로 매력이 없었어."

"그건 사진이 너무 안 나와서 그런 거야. 가끔씩 느끼는 거지만 예솔이 넌 조금 애어른 같아. 자신의 일에 최선을 다하는 모습이 아름다워 보인다니 말이야."

"넌 그런 적 없었어? 뜰에서 채소를 가꾸시는 아빠의 모습이나 스케치북에 무언가를 그리는 엄마의 모습을 보면 멋있다, 아름답다라는 말이 저절로 나오던데."

"그거야 너희 부모님께서 미남, 미녀시니까 그런 거지. 아무나 그렇게 보이는 건 아니라고."

"음, 그런가?"

나는 머릿속으로 아빠와 엄마가 열심히 일하시는 모습을 떠올려 보았습니다. 정말로 대단하고 멋지다는 생각이 들었습니다. 하지만 부모님의 얼굴 대신 다른 얼굴로 상상하는 것도 쉽지가 않았고, 지수의 말대로 우리 부모님은 미남, 미녀이시니까 내가 정확하게 판단을 하고 있는 것인지 자신은 없었습니다.

"예솔아, 넌 정말 국악인이 될 거야?"

"응, 난 할아버지처럼 훌륭한 소리꾼이 되고 싶어."

"넌 얼굴도 예쁘고 노래도 잘 부르는데 왜 하필이면 국악인을 하겠다는 건지 모르겠어. 춤만 연습해서 가수를 하면 완전 인기 짱일 텐데……."

"국악인이 뭐가 어때서? 민요를 부르는 것도 재미있고 전래 동요의 가사도 마음에 들어."

"난 어른이 되면 코를 성형수술한 다음에 가수로 데뷔할 거야. 예쁜 옷을 입고 화려한 조명을 받으면서 팬들의 환호성을 들으면 정말 기분 최고겠지?"

"코 수술? 지금도 예쁜데, 뭘……."

"화면에 잘 나오려면 이 코 가지고는 안 돼. 좀 더 높아야 예쁘게 나온다고. 우리 엄마는 왜 코가 낮으셔서 하나밖에 없는 딸을

고생시키나 몰라."

"야! 너희 어머니한테 다 이를 거야."

"그래라. 다른 어머니들은 졸업 선물로 성형수술을 시켜 주신다는데 우리 엄마는 졸업 사진 찍을 때 입을 옷 한 벌 안 사 주셔."

"벌써 성형수술을 해도 되는 거야?"

"얘가 참 뭘 모르네. 나야 우리 엄마가 절대 안 된다고 하시니까 어른이 되어서 하겠다는 거지. 요즘은 중, 고등학교에 다닐 때 연예인으로 데뷔하기 때문에 초등학교 졸업하면서 성형수술도 많이 한다고."

"아!"

나는 새로운 세상을 알게 된 것처럼 신기하기도 하고 그렇게 성형수술을 하는 것이 좋은가 하는 생각이 들기도 했습니다.

나는 지수의 옆모습을 쳐다보았습니다. 내가 보기에 지수의 코는 오똑하고 예뻤습니다. 나는 워낙 병원에 가는 것을 싫어해서 지수의 바람을 이해할 수 없었습니다. 하지만 지수가 꿈을 이루는 데 꼭 필요하다면 성형수술을 하는 게 그다지 큰일은 아니라는 생각도 들었습니다.

3 우리 가족 이야기

지수와 헤어져 집으로 들어왔습니다. 안에는 아무런 인기척이 없었습니다. 저녁 때 엄마랑 쇼핑을 하러 가기로 했는데 엄마는 어디를 가신 건지 모르겠네요.

"엄마, 엄마!"

엄마를 불러 보았습니다.

"같이 쇼핑 가자고 하시더니 어딜 가신 거야?"

가방을 한쪽에 두고 거실 소파에 털썩 주저앉았습니다.

'그냥 텔레비전이나 볼까?'

나는 리모컨을 찾다가 장식장 위에 놓인 액자를 보았습니다. 여러 개의 액자 안에는 할아버지, 아빠, 엄마, 내가 있는 가족사진과 아빠, 엄마의 결혼사진, 내 사진 등이 있었습니다.

아빠 엄마가 처음 만난 때는 약 15년 전이라고 해요. 그때 엄마는 공연 무대를 만드는 일을 하셨고, 할아버지와 아빠는 그 무대에서 공연을 하실 예정이었지요.

할아버지께서 매우 까다로우셔서 엄마는 무대에 대해 고민을 많이 했다고 해요. 아빠는 그런 엄마의 고충을 알고 공연의 의도나 분위기에 대해서 많은 이야기를 하셨대요.

그러면서 아빠와 엄마는 사이가 가까워지고 공연장 밖에서도 만나게 되었답니다. 아빠의 말씀으로는 예술인들은 예술로 통한다나요.

어찌 됐든 서로 일을 아끼고 돕던 두 분은 일 년 후 결혼을 하셨고 이듬해 제가 태어났지요.

"너희 둘이 만나서 가정까지 꾸리게 된 건 다 내 덕이야. 내가 공연 무대를 어미에게 맡기지 않았다면 너희 둘이 만날 수나 있었겠니? 그런데 아비, 어미가 소개비를 주지 않으니 예솔이에게 받아야겠다. 그렇지, 예솔아? 이 할아버지가 예솔이를 세상에 나올 수 있도록 해 주었으니 말이다. 허허허."

할아버지께서는 지금까지도 이렇게 말씀하시며 소개비 대신 노래를 시키곤 하셨어요.

나는 어릴 적부터 엄마의 일에도 관심이 많았습니다. 무대장치를 하기 전에는 넓고 허전하기만 했던 공간을 화려하게 만드는 것이 재미있게 느껴졌거든요.

그러다가 국악인이 되기로 결심한 것은 초등학교 3학년 때의 일입니다. 그해 할아버지께서는 암 선고를 받으셨는데 의사는 할아버지께서 앞으로 노래를 부르지 못하실 수도 있다고 했습니다.

아빠 엄마는 하루라도 빨리 수술을 해야 한다며 할아버지를 설득했고, 할아버지께서는 생각할 시간이 필요하다고 하셨어요. 노래를 부르지 못하는 인생이 무슨 의미가 있겠냐고 하시면서요.

나는 밤마다 할아버지 걱정에 울다가 잠들기도 하고, 악몽을 꾸다가 새벽에 깨기도 했습니다. 할아버지께서 열심히 노래를 부르시는데 목소리가 나오지 않는 무서운 꿈이었어요.

악몽에서 깬 뒤 물을 마시러 부엌으로 갔습니다. 거실 창 너머로 불빛을 보았는데 연습실로 쓰는 건물에 누군가 있는 모양이었어요.

나는 조용히 연습실로 갔습니다. 연습실에는 한복을 차려 입으신 할아버지께서 노래를 부르고 계셨습니다. 나는 그 노래가 무슨 곡인지는 몰랐지만 너무 슬퍼서 눈물까지 흘렸어요.

그리고 결심을 했습니다. 할아버지께서 더는 노래를 부르지 못하신다면 내가 대신 노래를 부르겠다고 말이에요. 할아버지께서 아빠의 북 장단에 맞추어 노래를 부르셨듯이 내가 이제 노래를 부르겠다고 마음먹었습니다.

다음날 할아버지께서는 입원 수속을 밟으셨고, 수술을 하셨습니다. 다행히 할아버지의 수술이 잘 되어 할아버지께서는 건강도 되찾으셨고 계속 노래를 부르실 수도 있습니다.

다행히 할아버지께서는 다 나으셨지만 그 이후로도 나의 꿈은 변함이 없습니다. 언젠가 나는 할아버지보다 훨씬 더 소리를 잘하는 국악인이 될 거예요.

"예솔아, 들어왔니?"

현관문이 열리고 엄마께서 다급하게 들어오셨습니다.

"어디 다녀오세요?"

"응, 회사에 갑자기 일이 생겨서 말이야. 도와주고 오느라고 예솔이보다 늦게 들어왔네."

"엄마는 다음 주까지 휴가잖아요."

"그러게 말이야. 내가 없으면 일이 안 된다니까. 하하하. 배고플 텐데 엄마랑 맛있는 거 먹으러 가자. 얼른 나가자."

"옷 두 벌은요?"

"알았어. 옷 두 벌도 사 줄게. 하여간 날 닮아서 기억력은 좋다니까."

엄마와 맛있는 냉면을 먹고 허리에 리본을 매는 원피스와 반짝이는 장식이 달려 있는 청바지를 샀습니다. 내일 있는 할아버지 공연에는 이 청바지를 입고 가야겠어요. 아마 장식이 반짝거려서 할아버지 사진이 더 멋지게 나올 거예요.

철학 돋보기

진정한 아름다움이란?

여러분은 나이가 들어 주름진 테레사 수녀와 성형수술을 한 영화배우 김미희 씨 가운데 어떤 사람의 모습이 더 아름답게 보이나요? 물론 외모만을 기준으로 본다면, 김미희 씨의 모습이 아름답다고 생각할 수 있겠지요.

그렇지만 아름다움의 기준이 외모만은 아닐 것입니다. 자신의 일에 최선을 다하는 모습, 성실하고 근면한 태도, 내면적인 정신도 아름다움의 기준으로 볼 수 있을 것입니다. 따라서 어떤 기준으로 보느냐에 따라 아름다움도 달리 보일 것입니다.

이 점에서 수현이의 주장에 높은 점수를 주고 싶군요. 외모와 내면을 모두 생각하고 있으니까요. 물론 내면의 아름다움을 주장하는 서영이와 자신의 일에 최선을 다하는 모습이 아름다움의 기준이라고 보는 예솔이의 생각도 타당합니다. 아름다움의 어느 한 면만을 보는 것이 아니라 서로 상반되는 측면까지 함께 볼 줄 아는 융통성 있는 사고입니다.

아름다움을 표현하는 것이 예술입니다. 그러나 진정한 아름다움이 무엇인가에 대해서는 철학자들마다 생각이 달랐습니다. 아도르노는 아름다움이란 추한 것과 반대되는 것이라고 보지 않았습니다. 흔히 '아름다움'이라고 하면 예쁜 것, 멋진 것, 즐거운 것만을 떠올리기 쉬울 것입니다. 그리고 더러움, 추함, 고통이나 슬픔은 아름답지 못한 것으로 보게됩니다. 그러나 아도르노는 현실의 고통을 표현하지 못하는 예술은 진정한 예술이 아니라고 봅니다. 오히려 현실을 아름답게만 표현하는 예술이야말로 현실의 고통을 회피하고 왜곡시킨다고 했지요.

아도르노는 자신의 철학을 '부정의 변증법'이라고 부릅니다. '변증법'이란 고정 불변한 것이 아닌 변화, 발전하는 원리를 말합니다. 그리고 '부정'이란 비판의 뜻을 담고 있습니다. 따라서 '부정의 변증법'이란 현실의 문제점을 비판하고 현실을 보다 더 나은 방향으로 발전시켜야 한다는 철학입니다. 현실의 고통을 표현함으로써 사람들의 영혼을 구원해야 한다는 아도르노의 예술관은 현실에 대한 비판 의식에서 생겼습니다.

2

문화산업과 대중문화

 아우슈비츠 이후로 서정시를 쓰는 것은 야만이다.　—아도르노

1 지수의 꿈이 이런 거구나

점심때가 끝날 무렵이었습니다. 지수가 우리 교실에 와서 나를 찾았습니다.

"무슨 일인데 이렇게 땀까지 흘리면서 왔어?"

"점심시간이 끝날까 봐 뛰어와서 그래."

"뭐 할 말 있니?"

"응, 내 부탁 하나만 들어줘. 꼭 반드시 들어줘야 해."

"뭔데 그래?"

"오늘 저녁에 MBS 가요 공개방송이 있는데 같이 보러 갔으면 좋겠어. 응?"

"저녁때 할아버지 공연을 보러 가야 하는데 ……."

"제발 같이 가 주라. 다들 학원 빠지면 안 된다고 갈 수가 없대. 내 친구 중에 학원에 다니지 않는 사람은 아무리 찾아봐도 너밖에 없단 말이야."

"그렇긴 하지만 가요 방송을 보느라 빠진 걸 어른들이 아시면 난 엄청 혼난다고!"

"뭔가 좋은 핑계를 대 봐. 친구가 자신의 꿈을 이룰 수 있도록 도와줘야지. 안 그래?"

"공개방송 한 번 안 본다고 꿈을 이루지 못하는 건 아니잖아. 그래도 네가 간절하게 부탁하니까 부모님께 말씀드려 볼게."

"정말? 알았어. 꼭 같이 가는 거야."

나는 어떤 핑계가 좋을까 고민을 했습니다. 부모님께 거짓말을 하기는 싫지만 할아버지 공연은 몇 번 더 남았으니까 친구의 부탁을 들어주는 것도 나쁜 일은 아니겠지요?

나는 5교시 수업 시간 내내 좋은 핑곗거리를 생각하느라 수업을 제대로 듣지 못했습니다. 그리고 5교시가 끝날 때쯤 드디어 **좋**은 생각이 떠올랐습니다.

쉬는 시간에 엄마께 전화를 걸었습니다.

"엄마."

"응, 지수야. 이 시간에 웬일이야?"

"할아버지 공연에 못 갈 것 같아요."

"왜? 무슨 일 있니?"

"학교에서 단체 봉사활동을 가기로 했는데 제가 그만 깜**빡**하고 말씀을 못 드렸어요."

"그랬구나. 그럼 어쩔 수 없지. 잘 다녀와."

"네, 알았어요."

엄마는 다행히 내가 거짓말하고 있다는 것을 알아채지 못하**셨**습니다. 거짓말하는 것은 생각보다 쉽지가 않네요. 긴장을 해서**인**지 핸드폰을 쥔 손에 땀이 났습니다.

수업이 끝나고 나는 지수와 함께 MBS 가요 공개방송을 보**러** 갔습니다. 내 또래의 아이들이 여러 색깔의 풍선과 깃발을 들**고** 길게 줄을 서 있었습니다.

"아, 오늘이 쉬는 날이었으면 새벽부터 줄을 서서 기다렸을 텐데……. 학교 마치고 오면 너무 늦는다니까."

"그래도 보러 온 게 어디야. 학원 가느라고 못 오는 불쌍한 애들도 많잖아."

"맞아. 이거라도 감사하게 여겨야지."

시간이 조금 흐른 후, 나와 지수는 녹화장 안으로 들어갈 수 있었습니다. 녹화장은 꽤 넓은데도 좌석은 순식간에 채워졌습니다.

"와, 진짜 다행이다. 앞쪽이라서 무대가 잘 보여. 아! 나 가슴 뛰는 것 좀 봐. 진짜 좋다."

지수가 호들갑스럽게 구는 바람에 주위 사람들에게 조금 민망했지만 다들 별로 신경 쓰는 눈치도 아니었습니다. 이렇게 좋아하는 지수를 위해 같이 와 주길 잘했다는 생각이 들었습니다.

공연장은 그야말로 아수라장이었습니다. 할아버지의 공연과 비교하면 이 공연장의 분위기는 놀이동산이나 체육대회 같아요. 무대에는 일하는 사람 몇 명만 있었는데도 아이들은 계속해서 소리를 질렀어요.

한참을 기다린 끝에 조명이 켜지고 아이들의 함성 소리와 함께

3인조 댄스 그룹 '판타지'가 등장했습니다. '판타지'는 빠르고 강한 느낌이 드는 노래를 부르며 화려한 춤을 선보였습니다.

　뒤이어 발라드 가수 몇 명과 댄스 가수, 댄스 그룹 등이 차례로 자신들의 무대를 선보였습니다. 같은 무대에서도 저렇게 다른 분위기를 만들어내다니 신기할 정도였어요. 발라드 가수들이 등장하면 서정적인 분위기에 가슴이 찡하다가도 댄스 가수들이 등장하면 언제 그랬냐는 듯 신이 나서 환호성을 지르게 되었습니다.

　사회자가 마지막으로 무대에 나올 가수를 소개했습니다. 역시 그럼 그렇지! 마지막 무대는 누구나 다 알고 있는 '신비'였습니다.

　신비는 긴 머리에 하늘하늘한 드레스를 입고 무대 위에 섰습니다. 관객은 일시에 조용해지고 나 역시 '신비'의 노래에 빠져들었습니다. 그 노래는 사람을 끌어당기는 신비한 느낌이 있었어요.

　신비의 노래가 끝나자 관객석은 환호성으로 가득 찼습니다. 신비는 서서히 무대 아래로 사라졌어요.

　펑!

　무대에서 폭죽이 터져 나오면서 신비가 다시 무대 위로 올라왔습니다. 내려 간지 얼마 되지 않았는데 전과 다른 옷을 입고 있었습니다. 분명히 하늘하늘한 드레스를 입고 있었는데 어느새 옷을 갈아입었을까요? 몸에 꽉 끼는 옷이라 입기도 힘들었을 텐데 말이에요.

신비는 '리듬체조 춤'으로 유명해진 노래를 부르며 자신의 매력을 한껏 뽐내고 있었습니다. 관객석의 아이들은 소리를 지르느라 정신이 없었습니다.

MBS 공개방송이 끝나고 우리는 어렵게 녹화장을 빠져나왔습니다.

"예솔아, 어땠어? 재밌었지?"

"응, 진짜 재미있었어. 실제로 가수들을 보니까 신기하기도 하고…… 몇몇 가수들은 정말 노래를 잘 부르더라. 소름이 '쫙' 끼치던걸."

"가수들을 직접 본 게 이번이 처음이라구? 하긴 국악이랑 가요는 동네가 다르지."

"특히 신비는 정말 대단해. 그냥 얼굴만 예쁜 가수가 아니라 진짜 노래를 잘하는 가수야. 음색도 좋고, 성량도 풍부하고……."

"누가 음악가 집안의 딸 아니랄까 봐 음색이랑 성량을 따지다니……. 어쨌든 신비는 이름 그대로 신비한 가수야. 발라드 곡이든 댄스 곡이든 완벽하게 부르잖아. 얼굴도 요정같이 예쁘고, 몸매도 짱이야. 나도 신비처럼 몸매를 멋지게 가꾸고 성형수술을 한다음 신비보다 더 인기 있는 가수가 될 거야."

"그래. 너는 할 수 있을 거 같아. 댄스 가수에 잘 어울릴 것 같기도 해."

"진짜? 고마워. 역시 넌 내 친구야."

지수는 내 팔을 살짝 잡으면서 입이 귀에 걸리도록 크게 웃었습니다.

"지수야, 우리 출출한데 닭 꼬치 먹으러 갈까?"

"안 돼. 신비처럼 되려면 다이어트 좀 해야 해."

"네가 몰라서 그러는데 매운 걸 먹으면 살이 빠진대. 그러니까 눈물이 쏙 나도록 매운맛 닭 꼬치를 먹으면 되잖아."

"그래. 그럼 얼른 가자. 사실은 나도 배고파."

우리는 녹화장 근처 분식점에서 닭 꼬치를 먹었습니다. 정말 눈물이 나도록 매웠습니다. 우리는 혀를 내밀고 손부채질을 하기도 하고, 물을 벌컥벌컥 마셔 보기도 했습니다.

"내가 봤을 땐 말이야, 매운 걸 먹어서 살이 빠지는 게 아니라 물배를 채워서 음식을 더 못 먹게 하는 방법으로 살을 빼는 거 같은데."

2 가수가 되고 싶어요

MBS 공개방송을 본 뒤 며칠 동안 하늘을 떠다니는 기분이었습니다. 수업 시간에 선생님의 말씀은 귀에 들어오지 않고, 할아버지 공연 때에는 화려한 조명과 강렬한 음악들만 생생하게 떠올랐습니다.

'가수가 되고 싶다.'

할 일에 집중하지 못하고 가수들의 모습과 노래만 떠올렸던 까

닭은 가수가 되고 싶기 때문이라는 나의 마음을 알게 되었습니다.

소리꾼이나 가수 모두 노래를 부르는 사람이고, 둘 다 재능이 필요하지요. 이전에는 가요에 관심이 없었기 때문에 국악인이 되고 싶었지만 가수가 되는 것도 나쁘지 않겠다는 생각이 들었습니다. 오히려 나는 가수가 되기 좋은 조건을 가지고 있었는데 굳이 국악인을 고집해 왔던 게 바보같이 느껴졌어요.

학교 수업을 마치고 집으로 돌아와서, 나는 아빠께 국악 수업을 받았습니다. 할아버지와 아빠는 공연이 없거나 한가하실 때마다 노래를 가르쳐 주시는데 일주일에 두 번 정도 수업을 듣고 나머지 날에는 혼자 연습을 해야 해요.

오늘은 할아버지께서 외출을 하셔서 아빠가 새로운 노래를 가르쳐 주셨습니다.

"할아버지랑 아빠가 공연하느라고 오랫동안 수업을 못했구나. 그래도 혼자서 연습했겠지? 어디 '해야 해야'를 불러 볼까?"

"네, 아빠."

나는 목청을 가다듬고 아빠의 북소리에 맞추어 노래를 시작했습니다.

‘해야 해야 붉은 해야

김칫물에 밥 말아 먹고

장구치고 나오너라.’

노래를 끝마치자 아빠는 북을 두드리면서 말씀하셨습니다. 아빠의 표정을 보니 혼내실 것이 틀림없었어요.

"예솔아, 학교에서 무슨 일 있었니?"

"아뇨! 아무 일 없었어요."

"지난번에 설명했듯이 '해야 해야'는 해가 구름에 가려 있을 때 해가 구름을 걷고 환하게 나와 주기를 바라는 노래야. 그런데 그렇게 기운 없이 부르면 해가 나올 수 있겠니?"

"죄송해요. 배가 좀 고파서 그런가 봐요."

"그럼 저녁 먹고 할까? 너 원래 배부르면 노래가 잘 안 불러진다고 일부러 굶고 연습했잖니?"

"괜찮아요. 새로운 노래 가르쳐 주세요."

"그래. 오늘 배울 노래는 '고사리 끊자'라는 노래란다. 잘 들어 보렴."

아빠는 북을 치시면서 노래를 부르셨습니다.

고사리 대사리 끊자

나무 대사리 끊자

유자 꽁꽁 재미나 넘자

아장 아장 벌이여

끊자 끊자

고사리 대사리 끊자

앞동산 고사리 끊어다가

우리 아빠 반찬하세

아빠가 불러주신 노래는 내용보다도 리듬이 흥겨운 전래 동요였습니다. 나는 아빠가 한 소절 한 소절 불러 주실 때마다 잘 듣고 따라했습니다.

아빠는 음이 틀린 부분이나 소리를 내는 방법 등을 가르쳐 주시면서 내 노래에 귀를 기울이셨습니다.

"예솔아, 오늘 수업은 그만해야겠다."

"네? 왜요?"

"도대체 무슨 일인지 얘기해 보렴. 그렇게 노래 배우는 걸 좋아하던 녀석이 오늘은 전혀 집중을 못하고 있잖니?"

나는 아무 말도 할 수가 없어 연습실 바닥만 쳐다보았습니다. 아빠의 말씀대로 나는 수업에 집중할 수가 없었어요. 머릿속에는 가수가 되고 싶다는 생각이 맴돌고 있었기 때문이에요.

하지만 아빠께 '가수가 되고 싶다, 그래서 국악 말고 가요를 배우고 싶다'고 말씀드릴 수는 없었습니다.

"예솔아, 이제는 국악 수업을 듣는 게 싫니?"

아빠께서 마치 내 속마음을 꿰뚫어 본 것처럼 물으셨습니다. 나는 뭐라고 대답해야 할지 몰라 고개만 떨어뜨리고 있었습니다.

"솔직하게 얘기해도 돼. 남들은 학원에 다니면서 공부할 시간에 노래를 부르고 있어서, 공부에 뒤처질까 봐 걱정을 하는 거니?"

"……."

"그렇다면 한동안 수업을 쉬도록 하자. 네가 다시 하고 싶을 때 언제든지 시작하면 되니까."

"아니에요, 아빠."

아빠의 말씀만 듣고 있던 나는 어렵게 말문을 열었습니다.

"그럼, 무슨 일 때문에 그러니?"

"저, 커서 가수가 되고 싶어요."

"뭐? 가수?"

"네, 노래를 아주 잘 부르는 가수가 되고 싶어요."

"그건 안 된다. 그런 얘기라면 하지도 마라."

아빠는 북을 챙겨서 일어나셨습니다.

"왜 안 되는데요? 가수도 노래를 잘 불러야 되는 거잖아요. 저는 잘할 자신이 있어요."

아빠는 내 말에 대꾸도 하지 않으시고 연습실을 나가 버리셨습니다. 나도 아빠를 따라 나갔습니다.

3 아빠의 무시무시한 선언

"그래, 어디 네 말 좀 들어 보자."

아빠는 무표정한 얼굴로 나를 바라보면서 말씀하셨습니다. 아빠의 기세에 놀란 엄마가 얼른 내 옆에 앉으셨어요.

나는 너무 속이 상해서 울고 싶은 기분이었습니다. 아빠께서 화를 내셔서 그런 것보다 오랜만에 우리 가족이 거실에 둘러앉았는데 이런 분위기여야 하다니요.

"여보, 대체 무슨 일인데 그래요? 예솔이가 뭘 잘못했어요?"

"아니, 예솔이가 가수를 하겠다지 뭐요."

"어머, 예솔아. 아빠 말씀이 사실이니?"

"네, 저 정말로 가수가 되고 싶어요."

"언제부터 그런 생각을 한 거니? 왜 가수가 되고 싶은 건지 얘기해 보렴."

나는 아빠의 질문에 잠시 대답을 망설였어요. 가수가 되고 싶다는 생각을 한 건 고작 일주일밖에 되지 않았고, 가수가 되고 싶은 이유도 그다지 분명하지는 않았으니까요. 더구나 봉사활동을 가겠다고 거짓말을 해 놓고 지수와 가요 공개방송을 구경 갔다고 말씀드릴 수는 없었습니다.

"가수가 되고 싶다는 생각을 한 건 얼마 되지 않았어요. 하지만 정말 가수가 되고 싶어요. 아빠도 신비라는 가수 아시죠?"

"그래, 요즘 텔레비전에서 많이 나오더구나."

"저는 신비처럼 사람의 마음을 끌어당기는 가수가 되고 싶어요. 그러려면 예쁘기도 해야 하지만 노래도 잘 불러야 된다고 생각해요. 저는 아빠, 엄마 닮아서 얼굴도 예쁘고 노래도 잘 부르니까 열심히 노력하면 그렇게 될 수 있을 거예요. 허락해 주세요, 아빠."

내 말에 귀를 기울이시던 아빠는 단호하게 말씀하셨습니다.

"그런 이유라면 안 돼."

"왜요? 허락해 주세요."

"그 가수가 사람의 마음을 끌어당기는 이유가 뭐라고 생각하니? 아빠는 요새 나오는 가수들이 예쁜 얼굴과 날씬한 몸매로 사람들의 시선을 사로잡고 있다고 생각해. 거기다 자극적인 음악과 춤까지 더해지니 사람들이 넋을 잃고 바라보게 되는 거지."

나는 아빠의 말씀을 듣고 곰곰이 생각해 보았습니다. 과연 내가 신비의 예쁜 얼굴과 몸매에 빠져든 것일까요? 신비의 노래가 정말 좋은 음악이라고 느끼는 것일까요?

어떤 질문에도 확실하게 대답을 할 수가 없었어요. 오히려 아빠의 말씀이 맞는다는 생각까지 들었습니다. 할 말을 잃고 거실 탁자만 바라보고 있었습니다.

내가 너무 풀이 죽은 듯이 보였던지 엄마께서 손을 잡아 주셨습니다. 아빠께서도 헛기침을 하시더니 말씀하셨습니다.

"이게 다 문화산업 탓이야. 아빠도 문화산업 덕분에 먹고 살기는 하지만 사람들의 꿈까지 변화시키니 이거 참."

문화산업? 문화산업이라는 것이 뭘까요? 1차 산업, 2차 산업, 3차 산업, 첨단산업이라는 말은 들어본 적이 있지만 문화산업이라는 말은 처음 들어 보았어요.

"아빠, 문화산업이 뭐예요?"

"문화산업은 문학, 미술, 음악 등 문화적인 것들과 자본이 결합된 형태를 의미한단다. 즉, 문화적인 것들을 순수하게 예술로 보는 것이 아니라 하나의 상품으로 보는 것이지."

"하지만 예술가들도 돈을 벌어야지 살 수 있잖아요? 문화적인 것이 상품이 되는 건 당연한 거 아니에요?"

"예술이 예술 자체의 의미보다 물건으로의 의미가 더 크니까 문제가 아니겠니? 예술이 돈으로 평가된다면 예술이라고 할 수 없지 않을까?"

나와 아빠의 대화는 어느새 문화에 관한 화제 쪽으로 이어졌습니다. 엄마는 나와 아빠를 흥미롭게 지켜보시다가 말문을 여셨습니다.

"그렇지만 문화산업이 지닌 장점도 있잖아요? 문화산업에 의해 대중문화가 발전했고, 대중문화는 소수의 부자 계층만 즐겼던 문화를 다수가 즐기게 해 주었어요."

"그게 바로 장점이자 단점이에요. TV, 잡지, 인터넷 등 대중매체가 발전하면서 대중문화가 널리 퍼졌고 많은 사람들이 쉽게 접

할 수 있게 되었어요. 그러나 사람들을 만족하게 하려고 하다 보니 대중문화는 대부분 아름답고 즐거운 것만을 더욱 추구하고 내세우게 되는 거지요."

나는 아빠의 말씀을 이해할 수 있었습니다. 요즘 우리가 만나고 있는 대중문화들은 거의 보기에 좋고, 즐기기 편한 것들이지요.

나 역시 아무리 훌륭한 내용으로 되어 있더라도 두껍고 어려운 내용의 책보다는 겉표지가 예쁘고 재미있는 책을 고르는 편이거든요.

한 달 전에 나와 지수는 독서 자율 시간에 읽을 책을 사러 서점에 갔습니다. 책보다는 텔레비전이나 영화 보는 것을 더 좋아할 것 같은데도 서점에는 사람들이 꽤 많았어요.

우리는 아동 코너에서 베스트셀러 목록을 훑어보았습니다. 그 중에서 마음에 드는 것을 골라 어떤 책인지 보고 있었습니다.

그러다가 구두 소리가 귀에 거슬려서 소리가 나는 쪽으로 눈을 돌려 보았습니다. 회사원처럼 보이는 여자가 두꺼운 책을 들고 계산대 쪽으로 걸어가고 있었습니다.

"야, 저런 책을 읽는 사람도 있긴 있구나."

"그러게 말이야. 저 책은 분명히 재미 없을 거야."

"다 읽으려면 정말 오래 걸리겠다. 그치?"

우리는 책들을 살펴보다가 겉표지가 예쁘고 내용이 재미있을 것 같은 책을 두 권씩 골랐습니다.

"우리 다른 곳도 좀 둘러보고 가자."

"그래."

우리는 각자가 고른 책을 들고 서점 안을 구경했습니다. 서점 안에는 책 이외에도 문구류 등이 있었습니다.

"이제 그만 가자."

"그럴까?"

"근데 저거, 아까 봤던 그 두꺼운 책 아니니?"

"응, 맞는 것 같은데, 가서 보자."

우리는 두꺼운 책이 쌓여 있는 쪽으로 걸음을 옮겼습니다. 책 표지에는《한국의 근대문학 모음집》이라고 써 있었습니다.

"와, 이 책에는 여러 사람의 글이 다 실려 있어."

"우리나라 유명 작가의 글을 다 모았다는데……."

"가격이 82,000원이야. 진짜 비싸다."

"굉장히 좋은 책인 것 같은데 중간에 그림 하나 없고, 재미도 없을 거 같아."

"응, 우리는 이 책들이나 읽자. 히히."

우리는 훌륭한 내용의 책을 뒤로 하고 잘 팔릴 것 같은 책들만 사서 서점을 나왔어요.

"현대의 대중문화는 현실의 문제를 표현하기보다는 사람들이 돈을 낼 만한 것들을 보여 주고 있어. 이 때문에 많은 사람들의 감성이 비슷하게 닮아가는 거란다. 예솔아, 그렇게 생각하지 않니?"

나도 모르게 고개를 끄덕였습니다.

"그래서 아빠는 우리 집에는 텔레비전을 없애기로 결심했다. 요즘 아이들이 텔레비전을 보고 연예인을 무작정 따라한다는 얘기는 들었지만 너도 그럴 거라고는 한 번도 생각하지 않았어."

"아니에요, 아빠. 무작정 연예인들이 좋아 보여서 가수를 하겠다는 생각은 아니에요. 가수들이 멋져 보여서 그런 것이 아니라 가수들이 부르는 노래가 좋아요."

"정말이니? 가수들이 부르는 노래가 좋아?"

아빠는 이렇게 물으시더니 한동안 말씀이 없으셨습니다. 나는 아빠가 무슨 말씀을 하실지 걱정이 되어 안절부절못했어요.

"그렇다면 더 큰 문제구나. 가수들이 부르는 노래를 듣고 무엇을 느꼈니?"

"……."

"아빠는 진정한 음악이란 자신의 정신적인 부분을 소리에 담아 내야 된다고 생각한다. 그런데 요즘 노래는 사랑과 이별만 외치고 있어. 사랑과 이별도 인간에게 중요한 문제이기는 하다만 그 노래 속에서 감정들이 느껴지지 않는 것은 왜일까?"

나는 언젠가 토론 수업 시간에 배운 내용이 떠올랐습니다. 깊은 사랑이나 애절한 이별의 슬픔을 느껴 보지 못했을 나이의 가수들이 사랑과 이별 노래에 얼만큼이나 마음을 담을 수 있을까 하는 것이었습니다.

그리고 세상에는 다양한 일들이 일어나는데도 가수들이 부르는 노래에는 온통 사랑 혹은 이별에 관한 내용이 가득하다는 생각이 들었습니다.

"인터넷 시대에 텔레비전을 없앤다고 네가 가수들을 보지 못하는 건 아니겠지만 차분히 생각해 보렴. 진정으로 가수가 되고 싶은지 말이다."

문화산업

요즘 어린이들의 장래희망 중에는 가수나 개그맨 등이 많다고 합니다. 아마도 겉으로 드러나는 화려한 모습과, 유명해지면 돈을 많이 벌수 있을 거란 생각 때문이겠죠.

지수도 가수가 되려는 꿈을 가지고 있습니다. 지수의 가슴 속에도 예쁜 얼굴과 날씬한 몸매로 사람들의 시선을 사로잡는 가수의 모습이 자리 잡고 있는 모양입니다. 국악인이 되겠다는 예솔이 역시 지수의 생각 때문에 갈등하고 있군요.

아도르노는 가수가 되겠다는 지수의 꿈에 대해 어떻게 생각할까요? 우선 가수에 대해 비판 의식을 가지고 생각해 봐야 합니다. 가수가 되기 위해서는 능력도 중요하지만, 음반 제작과 방송 출연을 위해 적지 않은 돈이 필요합니다. 음반 제작사들은 히트를 쳐서 돈을 벌 수 있는 가수를 선호하고 방송사들도 대중의 인기를 끌 수 있는 가수를 원합니다. 시청

률을 높이기 위해서죠. 결국 가수가 되기 위해서는 노래 실력도 중요하지만 자본이 중요함을 알 수 있습니다.

아도르노는 이러한 대중문화의 모습을 '문화산업'이라고 표현하고 있습니다. 문화산업이란 문학, 미술, 음악과 같은 문화가 자본(돈)과 결합된 것을 말합니다. 문화를 순수하게 예술로 보는 게 아니라 상품으로 보는 것이죠. 상품이란 이윤을 만들 수 있는 것을 말합니다. 따라서 문화산업에서는 이윤을 남길 수 없는 상품은 가치가 없는 것으로 평가됩니다.

그러나 문화산업에서는 예술이 예술로 평가되는 것이 아니라 상품으로 평가되기 때문에 문제가 됩니다. 그렇게 되면 순수한 예술 정신은 없어지기 때문이지요. 아도르노는 이러한 문화산업에서 예술의 왜곡된 모습을 비판하고 진정한 예술의 길, 진정한 아름다움이 무엇인가를 고민했습니다.

3

현대사회와 예술

 예술이 선험적으로 실행하는 비판은, 지배의 암호 체계로
행해지는 활동에 대한 비판이다.

— 아도르노

1 병실마다 있는 조각물의 정체

화창한 토요일입니다. 지수를 만나기 위해 집을 나섰습니다. 한 걸음 한 걸음 내딛는 발걸음이 얼마나 무거운지 어깨가 저절로 처졌습니다.

친구를 만나러 가면서 왜 그러느냐고요? 실은 지수를 만나러 가는 것이 아니라 병원으로 봉사활동을 가는 길이거든요.

버스를 기다리면서 나는 지수에게 전화를 걸었습니다. 신비의 노래가 통화 연결음으로 흘러 나왔습니다. 곧 지수가 전화를 받았습니다.

"여보세요?"

"응, 나야."

"집이니?"

"응, 너는?"

"어엉, 난 봉사활동하러 병원에 가는 중이야."

"그렇구나. 난 조금 있다가 가족들이랑 바다를 보러 갈 거야. 바다 구경도 하고 회도 많이 먹을 거야."

"지금 나 놀리는 거지? 봉사활동 하러 가는 사람한테 놀러 가는 거 자랑하기야?"

"어떻게 알았어? 하하. 이런 날씨에 병원에서 일하고 있으면 진짜 즐겁겠다."

"야, 너한테도 책임이 있잖아. MBS 공개방송 보러 가려고 봉사활동 핑계를 댄 건데. 우리 담임선생님은 성적표에 꼭 봉사활동과 관련된 얘기를 쓰시기 때문에 가지 않을 수가 없다고."

"알았어. 알았어. 내가 바닷가에서 조개 주워다 줄게. 됐지?"

"그러지 말고 병원에 같이 가면 안 돼? 너도 봉사활동 하면 좋잖아."

"엄마가 불러서 가 봐야 돼. 나중에 또 통화하자."

'뚝.'

전화를 끊는 소리가 확성기를 타고 나오는 소리처럼 크게 들렸습니다.

'진짜 얄미워. 바다 간다고 자랑이나 하지 말든지.'

나는 투덜거리면서 애꿎은 버스 번호판들을 노려보았습니다. 이윽고 내가 타야 할 버스가 도착했습니다.

다행히 버스 안에는 사람들이 별로 없었습니다. 이런 날 사람들에게 부딪치며 버스를 타고 간다면 더욱더 우울했을 거예요. 나는 뒤쪽 의자에 앉아 가방을 열고 MP3를 찾았습니다.

'아차! 충전을 하느라 책상 위에 올려 두었는데 안 가져 왔다.'

나는 어쩔 수 없이 버스 기사 아저씨가 틀어 놓은 라디오를 들었습니다.

잠시 후, 조용하던 내 마음이 또 불편해졌습니다.

'해변으로 가요. 해변으로 가요!'

꼭 이런 음악이 나와야 하는 걸까요?

버스 정류장 건너편에 병원이 있었습니다. 병원 주변에는 많은 사람들로 혼잡했습니다.

1층 안내대로 가서 직원에게 말을 걸었습니다.

"저, 안녕하세요? ○○초등학교에서 온 이예솔이라고 하는데요, 봉사활동을 하러 왔거든요."

"아, 그러니? 잠깐만 기다릴래?"

"네."

나는 안내대 옆 의자에 앉았습니다. 안내대 직원은 무전기로 누군가와 이야기를 나누었습니다. 무전기 속의 사람은 짜증이 난 목소리로 적당히 시키고 보내라고 했습니다.

'저런 건 좀 들리지 않게 하면 좋을 텐데……'

안내대 직원은 주위를 두리번거리더니 무언가 생각난 듯 말했습니다.

"저쪽에 계시는 아주머니 보이지? 가서 일 도와드리고 봉사활동 확인증 받으러 다시 와. 알겠니?"

"네, 감사합니다."

나는 바퀴가 달린 쓰레기통을 밀고 오시는 청소부 아주머니께 갔습니다.

"안녕하세요? 봉사활동을 나온 학생인데요, 안내대에 있는 언니가 아주머니를 도와드리래요."

"그래? 이렇게 어린 학생한테 시킬 일이 뭐가 있나? 내가 하는 일이 청소라서 힘들 텐데, 어쩌지?"

"괜찮아요. 아무거나 시켜 주세요."

마음속으로는 괜찮지 않았지만 웃으면서 대답했습니다. 혹시 화장실 청소를 시키면 어떡하죠?

"그럼 3층에 올라가서 병실 안에 있는 쓰레기통을 비워 줄래? 쓰레기를 이 봉투에다 부어서 모으면 돼. 봉투가 꽉 차면 잘 묶어서 계단 한쪽에 두고."

"네, 알겠습니다."

나는 청소부 아주머니께서 건네주시는 봉투 몇 개를 받아서 3층 입원실로 올라갔습니다. 1층 분위기와 달리 3층은 굉장히 조용한 편이었어요.

'낮잠 자는 시간인가?'

나는 조용히 병실로 들어갔습니다. 병실 안에는 자는 사람도 있고, 텔레비전을 보는 사람, 책을 읽는 사람도 있었습니다.

"안녕하세요?"

왠지 인사를 해야 할 것 같아서 고개 숙여 인사를 했습니다. 그러고 나서 침대 옆에 있는 쓰레기통을 하나하나 비우기 시작했습니다.

"청소부 아줌마가 그만두셨나? 그래도 어린 애한테 병원 청소를 시키는 건 좀 심하네."

"봉사활동하러 온 학생이겠지. 그치, 꼬마야?"

"네."

나는 얼굴이 빨개졌습니다. 내 자신이 이렇게 부끄럼을 많이 타는 줄 오늘에서야 알게 되었어요.

"이거 마시면서 해. 오늘 같은 날 놀러 가지 않고 봉사활동을 하다니 정말 착하다."

"고맙습니다."

나는 아주머니 한 분이 주시는 음료수를 받아 가방 안에 넣었습니다. 그리고 나오면서 '안녕히 계세요' 하고 인사를 했습니다.

쓰레기통을 비우는 일은 생각보다 힘들었어요. 봉투 안에 점점 쓰레기가 차면서 끌고 다니기가 쉽지 않았거든요.

그래도 병실에 있던 사람들이 나에게 음료수나 과자를 주고 '고맙다'고 인사까지 했습니다. 병원에 있는 아픈 사람들은 다들 자기만 생각할 줄 알았는데 오히려 나보다 남을 더 배려해 주는 것 같았습니다.

3층으로 올라갈 때만 해도 기분이 좋지 않았는데 지금은 어려운 사람들을 도와주었다는 생각에 마음이 뿌듯했습니다.

그런데 병실을 돌면서 궁금한 것이 하나 생겼습니다. 침대 머리맡 선반 위에 비슷한 나무 조각물들이 놓여 있었습니다. 조각물을 자세히 보지는 못했지만 노래를 부르는 사람, 춤을 추는 사람, 아이를 안고 있는 사람, 성모 마리아상 등이 있었습니다. 조각물들은 색을 칠하지도 않았고, 특별한 장식도 없었지만 선반 위에 있으니 꽤 보기가 좋았습니다.

'이 병원에서 인테리어로 놔둔 건가? 보기에는 그냥 나무여도 공기 정화 기능이 있을지 몰라.'

혼자 중얼거리면서 모아 둔 쓰레기봉투를 봉해 계단으로 끌고 갔습니다.

2 마음을 담아 조각하는 사람

비상구 문을 열고 쓰레기봉투를 옮기다가 깜짝 놀라 소리를 질렀습니다.

"엄마야."

소리가 병원 계단 전체에 울려 퍼졌습니다.

"앗! 따가워."

계단에 앉아 있던 사람도 소리를 질렀습니다. 가만히 보니 그 사람은 한 손에는 나무조각을 들고 다른 한 손에는 조각칼을 쥐고 있었습니다.

머릿속에 병실마다 놓여 있는 조각물이 문득 떠올랐습니다. 아무래도 이 사람이 조각품을 만든 사람인가 봐요.

"미안하지만 소독약이랑 반창고 좀 얻어다 줄래?"

"아, 네."

나는 얼른 병실 쪽으로 가서 간호사 언니에게 소독약과 반창고를 얻어 왔습니다.

"고마워. 내가 갔다와야 하는데 그동안 잃어버린 소독약이랑 반창고가 무척 많아서 말이야."

"소리 질러서 죄송해요. 계단에 사람이 있어서 깜짝 놀라서 그랬어요."

"괜찮아. 원래 잘 베는 걸, 뭐. 그런데 여기서 뭐하니?"

"저, 오늘 이 병원에 봉사활동 나왔거든요. 그런데 아저씨가 병실에 있는 조각물 다 만들었어요?"

"응, 어때? 예쁘니?"

"네, 아주 예뻐요."

"예쁘게 봐주니 고맙다."

조각가 아저씨는 베인 손가락에 소독약을 바르고 반창고를 붙였습니다. 그리고는 다시 나무와 조각칼을 들고 깎아 내기 시작했습니다.

"아저씨, 이 병원에서 일하세요?"

"아니."

조각에 몰두하고 있던 조각가 아저씨가 나를 보면서 살짝 웃었습니다.

"그럼 왜 병실마다 조각물을 만들어 줬어요?"

"나도 봉사활동을 하는 중이거든."

"봉사활동이요?"

"그래. 난 오랫동안 입원해 있는 사람들의 이야기를 들어주고 그 사람들에게 나무조각을 만들어 주면서 봉사활동을 해. 너 '호스피스'라는 말 들어 본 적 있니?"

"호스피스요? 그게 뭔데요?"

"호스피스는 죽음을 앞둔 사람이 편안하게 삶을 마감할 수 있도록 도와주는 사람이야. 호스피스 활동을 오랫동안 해서 다른 사람들과도 많이 친해졌거든. 그래서 빨리 나으라는 의미로 나무 조각을 선물하는 거야."

"그렇구나."

나는 아저씨가 정말 대단한 사람이라는 생각을 했어요. 저렇게 많은 조각들을 만들려면 꽤 오랜 시간을 공들여야 했을 테니까요. 더군다나 누가 시키지도 않은 일이잖아요.

"아저씨는 어떻게 봉사활동을 하게 됐어요? 전 사실 학교에서 시켜서 온 거예요."

"그래? 그래도 열심히 하는 것 같은데……."

"봉사활동을 하니까 좋은 점도 있더라고요. 아저씨는 직업이 뭐예요? 여기서 봉사활동을 한 지는 얼마나 됐어요?"

처음 보는 사람인데도 왠지 친근감이 느껴지고 궁금증도 생겨서 여러 가지 질문을 했습니다.

"그렇게 궁금하니?"

"네."

나는 계단이 울릴 만큼 우렁차게 대답했습니다.

"그럼. 아저씨 얘기를 해 줄까?"

아저씨는 작업하던 나무조각과 조각칼을 한 쪽에 두고 이야기를 시작했습니다. 나는 조각가 아저씨 옆에 앉아서 귀를 기울였습니다.

"7년 전에 나는 조각과에 다니는 대학생이었어. 중학교 때 〈엄마의 무릎〉이라는 제목의 돌조각을 보고 어른이 되면 조각가가 되어야겠다고 결심했지."

"그 돌조각이 그렇게 멋있었어요?"

"글쎄, 형태가 분명하지 않은 뚱뚱한 엄마가 앉아 있는 모양이었는데, 조각을 감상하는 사람들이 엄마의 무릎에 앉을 수 있도록 만든 거였어."

"말 그대로 '엄마의 무릎'이네요."

"대학에 들어오면서 나는 우리가 살아가는 모습을 표현하는 조각가가 되기로 마음먹었어. 수업 시간에 아도르노의 《미학 이론》이라는 책을 추천받았는데, 그 책을 읽고 배운 것이 많았거든."

아도르노? 어디서 많이 들어본 이름인데…….

아! 토론 수업 시간에 선생님께서 말씀하셨던 사람이네요. 진정한 아름다움이 무엇인가를 고민했던 독일의 철학가였죠?

'현실의 고통을 표현해서 사람들이 현실을 극복할 수 있도록 힘을 불어넣는 것이 진정한 예술이며, 그런 예술이야 말로 진정한 아름다움이다.'

공책에 적어 두고 인터넷으로 찾아보았는데 역시 공부했던 성과가 있네요.

"아도르노의 《미학 이론》은 어떤 내용이에요?"

"아도르노는 현실을 아름답게만 표현하는 예술은 현실의 고통을 피하고 현실을 왜곡한다고 주장했어. 아도르노는 예술이 현실의 고통과 문제들을 비판함으로써 우리가 올바른 삶을 창조하도록 도와줘야 한다고 생각한 거지."

"세상에 아름다움만 있는 것이 아니라 고통스러운 면도 있다는 것을 알도록 해야 한다는 거죠?"

"그렇지. 오, 똑똑한 학생인걸."

"제가 좀 똑똑해요. 히히."

내가 빙그레 웃자 조각가 아저씨도 씨익 함께 웃었습니다. 조각가 아저씨는 아도르노의 영향을 받은 뒤로 세상에서 소외받는 사람들을 작품에 담았다고 했습니다. 그 조각들이 어떤 모양인지 상상이 되지 않지만 같이 공부하던 친구가 엄청 싫어했다고 하니 별로 예쁘지는 않았나 봐요.

"시간이 흐르면 흐를수록 나는 대학에서 공부하는 것이 의미 없다고 느껴졌어. 대학도 이 사회의 일부분이니까 현대사회의 문제를 벗어날 수가 없거든. 그래서 나는 학교를 그만두고 파키스탄으

로 자원봉사를 떠났단다."

"파키스탄이요?"

"응, 너는 월드컵하면 뭐가 생각나니?"

"음, 박지성이나 히딩크, 붉은 악마, 축구장, 내가 좋아하는 데이비드 베컴 선수요."

"그래, 대부분의 사람들이 월드컵과 관련해서 떠올리는 단어들이지."

"그럼 아저씨는 월드컵하면 뭐가 생각나요?"

"나는 축구공을 만드는 노동자."

"에? 왜요?"

"하하하. 사실 나도 처음부터 이런 생각을 했던 건 아니야. 파키스탄으로 자원봉사를 다녀온 후에 든 생각이지.

"파키스탄에서 어떤 일이 있었는지 얘기해 주세요."

"별로 재밌는 얘기는 아닌데……."

"그래도 해 주세요."

내 부탁에 조각가 아저씨는 이야기를 시작했습니다.

"나는 2학년을 마치자마자 파키스탄으로 자원봉사를 떠났어. 거기에서 진정한 예술을 배우겠다는 생각은 아니었고, 자원봉사를 하면서 미래에 대해서 고민을 하고 싶었거든. 나는 파키스탄의 작은 학교에서 미술을 가르치게 되었는데, 미술 도구도 변변치 않았고 수업 시간에 빠지는 학생들이 많아서 수업을 제대로 할 수가 없었단다. 처음에는 마을의 사정을 알지 못해서 아이들이 왜 수업에 빠지는지 몰랐어. 가난한 나라였기 때문에 교육열이 부족한 거라고만 생각했지. 하지만 곧 아이들이 수업에 올 수 없는 이유를 알게 되었어. 음식을 살 돈을 벌기 위해서 축구공을 만드느라 공장에서 일을 하기 때문이야.

우리나라 아이들은 부모님을 졸라서 축구공을 살 수 있지만 파키스탄의 아이들은 배가 고파 축구공을 만드는 것이지. 우리가 흔히 사용하는 축구공은 32조각의 가죽과 1,620회의 바느질을 해서 만들어진단다. 파키스탄의 아이들이 1,620회의 바느질을 하는 거야. 그들 중에는 대여섯 살 정도의 어린 아이들도 있다니 정말 놀랍지 않니? 이 아이들이 축구공 하나를 만들 때 받는 돈은 대략 100원에서 150원 정도 된대. 즉, 하루 열두 시간 이상 축구공을 만들어도 이천 원을 벌기가 어려운 셈이야. 나는 아이들의 가난한 사정을 알고 내가 도울 수 있는 일이 뭐가 있을까 고민을 했어. 미술을 열심히 가르치는 것도 좋지만 정작 수업을 들을 수 있는 학생이 많지는 않았으니까. 그러다 '내 특기를 살려 나무조각을 만들어 주면 어떨까' 하는 생각이 들었단다. 워낙 가난한 아이들이라서 장난감이 없었으니까 좋아할 것 같았어. 또 나무조각에 아이들이 원하는 꿈과 희망을 담으면 용기를 줄 수 있겠다 싶었지. 나는 아이들이 학교에 왔을 때 자기가 좋아하는 것들이나 어른이 된 자신의 모습을 그려 보라고 했어. 그 그림을 보면 아이들에게 어떤 조각을 선물해야 할지 참고가 될 것 같았거든. 아이들은 정말 신나게 그림을 그렸고, 나는 그 그림을 보면서 조각을 만들었어. 대개 자동차, 로봇, 공룡, 그리고 축구하는 사람이나 선생님의 모습을 조각했던 기억이 나. 나는 몇 날 며칠 동안 열심히 조각을 해서 아이들에게 선물했어. 장난감이 없어서 그런지 아이들이 너무 좋아하더라고. 오히려 내가 아이들에게 고맙다는 생각이 들 정도로 말이야.

그렇게 2년을 파키스탄에서 보내고 나는 우리나라에서 자원봉사를 해야겠다고 마음먹었어. 내 작은 힘으로 다른 사람들을 도울 수 있다는 사실이 너무 뿌듯했거든. 우리나라로 돌아와 고아원과 양로원에서 자원봉사를 했어. 고아원에 가면 파키스탄의 아이들이 떠올랐고, 양로원에 가면 돌아가신 할아버지, 할머니가 떠올라

마음이 찡했어. 특히 나를 손자로 착각하시는 할머니가 한 분 계셨는데, 한번 찾아뵈면 옆에 꼭 붙어서 떨어지지 않으려고 하셨어. 그 할머니 때문에 집에 가지 못한 날도 꽤 많았지. 그런데 그 할머니가 내 친할머니처럼 느껴질 때쯤 할머니께서 기억을 되찾으셨단다. 조금 섭섭하기는 했지만 다행이라고 생각했어. 자신이 누군지 모르는 것은 슬픈 일이니까. 내가 양로원에 찾아갔을 때 할머니께서는 그동안 고생 많았겠다고 하시면서 손을 꼭 잡아 주셨어. 그리고 듬직한 손자가 한 명 생겼는데 머지않아 저세상으로 가야 하니 아쉽다고 하셨지. 나는 영문을 알지 못해 어리둥절했는데 곧 할머니께서 위암 말기 상태라는 것을 알게 되었어. 한 달 뒤 할머니께서 돌아가실 때 얼마나 고통스러워하셨는지 지금 생각해도 가슴이 아플 정도야.

그래서 나는 호스피스 교육을 받기로 결심했어. 죽음을 앞둔 사람들을 돕는 일은 정말 중요하다는 생각이 들었거든. 호스피스 교육을 받은 후에 나는 이 병원에 와서 죽음을 앞둔 사람들과 함께했어. 투병 생활은 힘들고 괴롭지만 죽음을 자연스럽게 받아들이고 미소를 지으며 떠나는 사람들을 볼 때마다 보람을 느껴. 이렇게 지낸 지도 벌써 2년이 흘렀어. 자원봉사를 하다 보니까 다른 병실 사람들과도 친해졌고, 그 사람들에게도 나무조각을 만들어 용기를 주고 싶었어."

아저씨의 이야기는 참으로 흥미롭게 이어졌습니다.

"정말 오랜만에 내 이야기를 했는 걸. 요즘은 내 이야기를 하는 것보다 다른 사람들의 이야기를 듣는 것이 더 익숙해서 말이야."

조각가 아저씨는 기지개를 켜고 나무조각과 조각칼을 집어 들었습니다.

"아저씨 얘기가 너무 길었지?"

"아뇨. 정말 재밌었어요."

"시간이 많이 지난 것 같은데 가 봐야 되지 않니?"

"참, 나 봉사활동 하러 왔지? 저 그만 내려가 볼게요."

"그래, 나도 이제 봉사활동을 시작해야겠다. 만나서 반가웠어. 잘 가."

"안녕히 계세요."

나는 인사를 하고 계단을 내려왔습니다. 모퉁이를 돌면서 보니 조각가 아저씨는 다시 나무를 깎고 있었습니다.

3 영혼을 구원하는 예술

나는 청소부 아주머니께 인사를 드리고 1층 안내대에서 봉사활동 확인증을 받아 집으로 돌아왔습니다. 비록 화창한 토요일을 병원에서 보내기는 했지만 많은 것을 배운 하루였어요.

"이제 들어오니? 지수랑 재미있게 놀았어?"

"네, 재미있었어요."

"그래, 얼른 씻고 와. 저녁 먹자."

저녁을 먹고 엄마와 이야기를 나누는데 나는 피곤이 몰려왔습니다.

"저 먼저 들어가서 잘게요."

"그래, 잘 자라."

방으로 들어와서 곧장 침대 속으로 비집고 들어갔어요. 침대의 푹신한 느낌이 아주 좋았습니다.

그런데 막상 자려고 하니까 잠이 오지 않았습니다. 그렇다고 다시 일어나기는 너무 귀찮았어요.

침대에 누워 병원에서 있었던 일들을 떠올려 보았습니다. 3층의 병실을 돌면서 만났던 사람들, 여러 개의 조각들, 조각가 아저씨와 나눈 대화들…….

아차!

나는 오랜 시간 동안 대화를 나누었던 조각가 아저씨 이름도 모른다는 사실을 이제야 깨달았습니다. 또 조각가 아저씨가 왜 대학을 그만두었는지 제대로 듣지 못했다는 생각도 들었습니다.

'내일 가면 또 만날 수 있을까? 그 병원에서 오랫동안 자원봉사를 했다니까 만날 수 있을 거야.'

나는 내일 다시 병원에 가기로 마음먹었습니다. 봉사활동도 하고, 조각가 아저씨의 이야기도 더 듣고 싶었어요. 나는 내일이 빨리 왔으면 하고 생각하다가 잠이 들었습니다.

다음 날 아침이 되었습니다. 아침을 먹고 서둘러 병원으로 향했습니다. 오늘은 봉사활동 하러 간다고 사실대로 말할 수 있어서 더욱 기분이 좋았어요.

1층 안내대로 갔더니 어제 그 직원이 내 얼굴을 알아보고 물었습니다.

"또 왔니? 오늘은 일요일이라 청소하는 아주머니도 안 나오시는데……."

"제가 알아서 할게요. 어제 열심히 배웠거든요."

나는 엘리베이터를 타지 않고 계단으로 올라갔습니다. 3층 계단에는 소독약과 반창고만 있을 뿐 조각가 아저씨는 보이지 않았습니다.

'또 잃어버리셨구나. 건망증이 심한가 봐.'

나는 비상구 문을 열고 3층 병실 쪽으로 가서 간호사 언니에게 소독약과 반창고를 돌려주었습니다.

"어? 너 어제 왔던 학생 아니니? 오늘도 또 왔어?"

"네, 별로 도움은 드리지 못했지만 봉사활동을 하고 나니 뿌듯

하더라고요. 그래서 다시 왔어요."

"그렇구나. 어려 보이는데 기특하네."

"뭘 도와드리면 좋을까요? 오늘은 청소부 아주머니도 안 나오신다고 해서요."

"음, 병실마다 다니면서 몸이 불편하신 분들 대신 물을 떠다 드린다든지 휠체어를 밀어 드리는 것도 좋고, 아이들이랑 놀아 줘도 좋고. 아! 복도 끝 병실에 꼬마 환자가 있는데 좀 봐 줄래?"

"네, 알겠어요."

나는 복도 끝으로 갔습니다. 병실 문에는 '이재원 어린이'라는 팻말이 붙어 있었습니다.

'똑똑.'

나는 노크를 했습니다.

"들어오세요."

병실 안에서 어린아이의 목소리가 들렸습니다. 들어가 보니 예닐곱 살쯤 된 남자아이가 팔과 다리에 깁스를 하고 있었습니다.

"누구세요?"

"응, 나는 병원에 봉사활동을 하러 온 누나야."

"그건 뭐하는 건데요?"

"음, 아픈 사람들을 도와주는 일이야. 쓰레기통도 비워 주고 얘기도 들어주고, 물도 대신 떠 놓고……."

"그런 일하면 돈 많이 받아요?"

"뭐?"

나이가 어린데도 다짜고짜 돈 이야기를 꺼내서 조금은 놀랐어요.

"봉사활동은 돈을 안 받고 자기가 하고 싶어서 다른 사람들을 도와주는 거야."

"우리 엄마는요, 세상에 공짜는 없다고 하셨어요."

얼굴은 참 귀엽게 생겼는데 말은 참 곱지 않게 하는 것 같아요. 당장이라도 병실에서 나가고 싶었지만 기왕 들어온 김에 뭐 하나라도 도와주고 가자는 생각이 들어 꾹 참았습니다.

"재원아, 심심하지 않니?"

"내 이름을 어떻게 알았어요?"

"병실 문 앞에 써 있었는데……."

"누나 이름은 뭔데요?"

"응, 내 이름은 이예솔이야."

"예솔이 누나, 책 읽어 주세요."

"그래, 무슨 책을 읽어 줄까?"

"저기 위에 있는 책이요."

나는 재원이가 가리키는 곳을 보았습니다. 거기에는 《어린 왕자》와 '어린 왕자' 나무조각이 있었습니다.

'저 어린 왕자도 조각가 아저씨가 만들었겠구나.'

나는 재원이에게 《어린 왕자》를 읽어 주었습니다.

어른들은 숫자를 좋아한다. 어른들에게 새 친구에 관해 얘기하면 그들은 중요한 것은 묻지 않는다. '친구의 목소리가 어떻니? 어떤 놀이를 좋아하니? 나비를 수집하니?' 하는 말은 절대로 묻지 않는다. 그들은 '나이가 몇이니? 형제가 몇이니? 몸무게가 얼마나 되니? 그 애 아버지는 얼마나 버니?' 하고 묻는다. 그래야만 어른들은 그 친구를 알게 된다고 믿는 것이다. 만약 어른들에게 '창가에는 제라늄이 있고 지붕 위에는 비둘기가 나는 아름다운 붉은 벽돌집을 보았다'고 말한다면 어른들은 이 집이 어떻게 생겼는지 상상하지 못한다. '십만 프랑짜리 집을 보았다'고 말해야 한다. 그러면 어른들은 '야아, 참 훌륭하구나!' 하고 외치는 것이다.

—《어린 왕자》 중에서

"예술이 누나, 나는 엄마가 정말 싫었어요. 우리 엄마는 매일같이 돈 얘기만 했거든요. 그래서 나는 엄마가 싫었는데 박선호 아저씨가 저 '어린 왕자'를 주면서 우리 엄마도 어렸을 때는《어린 왕자》를 좋아했을 거래요."

'아, 조각가 아저씨 이름이 박선호구나.'

"엄마한테 '엄마도 어렸을 때《어린 왕자》좋아했어?' 하고 물었더니 무척 좋아했다고 했어요. 그래서 지금은 엄마가 조금 좋아졌어요."

"그랬어? 잘 됐다."

"누나, 나 졸려요."

"그래, 누나는 다른 병실에 가 볼게. 잘 자."

나는 조용히 병실 문을 닫고 나왔습니다. 박선호 아저씨의 조각이 정말 아픈 사람들에게 도움이 되고 있네요.

나는 혹시나 하는 마음으로 계단 쪽을 살펴보았습니다. 다행히 박선호 아저씨는 어제와 같은 자리에서 조각을 하고 있었습니다.

"아저씨, 안녕하세요?"

"어, 오늘도 왔니?"

"네, 아저씨에게 물어보지 못한 게 생각나서 왔어요."

"내 이야기에 관심을 가져 주는 사람도 있고, 기분이 좋은데!"

"어제 아저씨가 대학을 그만두고 파키스탄으로 자원봉사 하러 갔다고 했잖아요. 왜 대학을 그만두었어요?"

"그게 궁금해서 여기까지 온 거야? 별로 재미없는 얘기일 텐데, 공부도 좀 해야 하고."

"괜찮아요. 저 공부하는 거 좋아해요."

"알겠다. 여기까지 이야기를 들으러 왔는데 해 드려야지."

박선호 아저씨는 나무조각과 조각칼을 옆에 내려 놓았습니다. 나는 아저씨 옆에 앉았습니다.

"학교에서 '이성' 이라는 말이 무엇인지 배웠니?

"네, 이성은 사람이 동물과 다르게 갖고 있는 능력이라고 배웠어요. 어떤 게 사실이고, 옳은 것인지 판단할 수 있는 능력이요."

"그래, 이성이라는 것은 인간이 적절한 목적을 설정하고 그것을 실현하는 능력이야. 인간이 동물과 다르게 생각할 수 있고 판단할 수 있기 때문에 하고자 하는 것을 이룰 수 있는 것이지. 또 이성을 내세워 인간은 자연을 지배할 수도 있었단다. 하지만 현대에 와서 이성은 오히려 인간을 지배하는 수단이 되어 버렸어."

"이성이 인간을 지배한다고요?"

나는 학교에서 '사람은 이성을 가진 동물'이며, 이성은 좋은 것이고, 사람에게 매우 중요한 것이라고 배웠습니다. 그런데 인간을 지배하는 데 쓰인다니 대체 무슨 말인지 알 수가 없었습니다.

"현대사회에서 이성은 어떤 목적을 달성하는 데에 적절한가, 적절하지 못한가를 판단하는 수단이 되어 버렸거든. 즉, 권력을 얻는 데 도움이 되는가, 혹은 재산을 모으는 데 도움이 되는가 등을 판단하는 도구로 사용되기 시작한 거야."

"그렇다면 원래 이성이 나쁜 것이 아니라 우리들이 나쁘게 사용했다는 거네요."

"그렇다고 볼 수 있지. 아도르노는 우리가 도구로 사용하는 이성을 가리켜 '도구적 이성'이라고 불렀어. 그리고 도구적 이성에 의해 지배되는 사회를 '관리된 사회'라고 표현했어."

"현대사회에서 이성이 수단으로 쓰이게 되었고, 수단으로 쓰이는 이성이 관리된 사회를 만드는 거니까 현대사회는 관리된 사회라고 할 수 있겠네요."

며칠 전에 아빠는 현대사회에서 문화산업이 문제라고 하셨는

데, 이제 보니 도구적 이성도 문제네요. 결국 현대사회에서 물질적 가치를 중시하다 보니 문화산업이 발전하고 이성이 수단으로 쓰이게 된 거겠지요?

"아도르노는 예술도 관리된 사회의 영향을 받을 수밖에 없다고 주장했어. 다시 말해 예술도 얼마나 돈의 가치를 가지느냐, 얼마나 팔릴 수 있느냐가 중요하게 되어 버린 거야. 도구적 이성 때문에 예술은 현실의 고통을 숨기고 사람들에게 좋은 것들을 보여 주려고 했단다."

"아도르노는 예술이 현실의 고통을 표현해서 사람들이 현실의 문제를 해결할 수 있도록 깨우쳐 줘야 한다고 했잖아요?"

"그래, 하지만 관리된 사회에서 예술은 사람들의 비판 의식을 마비시키지. 아도르노는 예술이 비판 의식을 되찾아 사람들의 영혼을 구원해야 한다고 주장했단다."

"그런데 대학은 왜 그만두었어요?"

"아, 서론이 너무 길었구나. 내가 대학에 들어간 지 2년이 지났을 때, 나는 대학에서 진정한 예술을 배우는 게 어렵다는 것을 느꼈어."

"왜요?"

"대부분의 교수님들과 학생들이 새로운 시도라고 하면서 사실상 돈이 되는 예술을 추구했거든. 대학도 관리된 사회의 영향을 무시할 수가 없었던 거야."

"아저씨랑 생각이 비슷한 사람은 없었어요?"

"응, 안타깝게도 만나지 못했어. 친구들은 현실의 어두운 면을 표현한 내 작품을 이해하려고 하지 않았지. 다들 작품 전시회에서 사람들의 눈에 띄어 작품을 비싼 값에 팔 생각만 했거든. 사람들의 눈길을 끌기 위해 자극적인 것들을 찾느라 애쓰는 친구들을 보면서 '대학에 다니는 것이 가치가 있을까' 하는 생각이 들었어."

"아, 그랬구나."

박선호 아저씨의 이야기를 듣다 보니, 박선호 아저씨가 마치 아도르노처럼 느껴졌습니다. 지금 박선호 아저씨는 영혼을 구원하는 예술 작품을 만들면서 지내고 있는 거네요.

관리된 사회와 비판적 이성

병원에 봉사활동을 간 예솔이는 조각가 아저씨를 만납니다. 예솔이는 대학을 다니다 그만두고 소외된 이웃을 위해 조각을 하는 아저씨에게 관심을 갖기 시작합니다. 아직도 가수가 되고 싶은 꿈이 있는 예솔이는 조각가 아저씨의 말을 듣고 자신의 꿈에 대해 의심하기 시작합니다. 모든 예술이 상품으로 평가되는 문화산업에서 돈을 목적으로 하지 않고 봉사에만 전념하는 조각가 아저씨의 삶이 신선한 충격이었겠지요.

원래 예술은 돈을 목적으로 하는 것이 아니라 소외된 이웃의 고통을 표현하고 고통받는 이웃을 구원하는 것을 목적으로 합니다. 왜 현대사회에서 진정한 예술은 사라지고 예술이 상품화되었을까요? 아도르노는 '도구적 이성'에 그 원인이 있다고 분석합니다. 원래 이성은 '왜 그런가'를 따져 묻는 비판적인 기능을 합니다. 그런데 상품 사회에 와서 이성이 비판적인 기능을 상실하고 어떤 목적을 위한 도구가 되었다고 하는 것입니다.

'도구적 이성'은 목적이 올바른가, 그른가를 따지기보다 목적을 달성하기 위해 어떤 수단과 방법이 필요한 것인가를 중요하게 여깁니다. 만약 가수가 목적이라면 '그 목적이 자신의 삶에서 가치 있는 일인가? 진정 자신이 하고 싶은 일인가?'와 같은 질문은 하지 않는다는 것이지요. 가수라는 목적을 달성하기 위해 '어떤 학원을 다녀야 하고 옷차림과 외모를 어떻게 하면 좋은가?' 이런 질문에만 관심을 둔다는 말입니다.

아도르노는 도구적 이성이 지배하는 사회를 '관리된 사회'라고 부릅니다. '관리'라는 말은 '지배하다', '강요하다'의 뜻입니다. 자율적이고 비판적인 사회가 아니라 도구적 이성과 문화산업에 의해 지배되고 강요되는 사회를 말합니다. 이것은 돈이 최고의 가치 기준이 되는 현대사회를 날카롭게 비판한 말입니다. 이런 사회에서는 우리의 풍부한 감성은 획일화되고 감각적인 것만 중시되며, 인간이 수동적인 존재가 되고 말지요.

4

자율적 예술과 비자율적 예술

 미메시스는 감각적으로 수용하고 표현하며 의사소통하는
생명체의 행동 방식이다.

— 아도르노

1 마음에서 마음으로 전해지는 것

나는 매주 토요일마다 병원으로 봉사활동을 갔습니다. 매번 지수가 같이 놀자고 전화했지만 봉사활동이 재미있다고 하면서 거절했어요.

지수는 봉사활동이 어떻게 재미있을 수 있는지 의아했습니다.

"또 병원에 가는 거야? 무슨 치료받으러 가냐?"

"심심하면 너도 같이 가자."

"심심해서 병원에 가는 사람이 어디 있어? 난 병원 냄새는 아주

질색이야."

"그럼 집에서 놀아. 이 몸은 지금 바쁘다고!"

나는 음악을 들으며 흥얼거리면서 병원으로 향했습니다.

"안녕하세요?"

늘 그렇듯이 1층 안내대 언니에게 먼저 인사를 했습니다.

"응, 예솔이 왔구나. 오늘은 꼭 6층에서 일을 도와야 할 것 같은
데……."

"왜요? 무슨 일 있으세요?"

"아니, 지금 할머니들께서 너를 엄청 기다리고 계셔. 이제 우리
병원에서 너를 기다리는 사람들이 꽤 많아. 특히 3층에 있는 꼬마
가 엄마보다 너를 더 좋아한다는 소문이 돌고 있어."

안내대에 있는 언니가 빙그레 웃으며 말했습니다. 나는 쑥스러
워서 얼굴이 발개졌습니다. 다른 사람들을 도울 수 있다는 사실도
행복한 일인데, 많은 사람들이 나를 좋아하고 기다린다니 정말 기
뻤어요.

6층에 올라가서 병실을 돌아다녔습니다. 복도를 지나가던 의사
선생님과 간호사 언니들이 반갑게 맞아 주었습니다.

"안녕하세요?"

"예솔이 왔구나. 어서 오렴. 아침부터 할머니들이 너를 얼마나 기다렸는지 모르겠다."

"저를요?"

"그래, 네가 병원에 오면서부터 저렇게 기운을 내시니 나도 수술 그만하고 국악을 배워야 할까 보다. 하하하."

나는 의사 선생님의 칭찬에 부끄러워졌습니다.

"예솔아, 얼른 이리 와 봐."

저 쪽에서 간호사 언니가 나를 부르고 있었습니다.

"얼른 가 보렴. 할머니들께서 부르시나 보다."

"네, 안녕히 가세요."

"또 보자."

나는 간호사 언니가 있는 병실로 갔습니다. 거기에는 할머니와 아주머니 몇 분이 모여 계셨습니다.

"예솔이가 부르는 노래를 듣겠다고 여기 모여 계시지 않겠니, 글쎄."

"예솔아, 노래 몇 곡만 불러 보렴."

할머니들과 아주머니들께서 박수를 치셨습니다. 나는 쑥스러워서 선뜻 노래를 부를 수가 없었어요.

지난주에 청소부 아주머니를 도와드리면서 노래를 흥얼거렸어요. 그런데 할머니 몇 분이 들으시고는 제대로 한 번 불러 달라고 하시면서 노래를 청하셨습니다.

나는 〈쾌지나 칭칭〉을 신이 나게 불렀어요. 할머니들께서도 흥겨우셨는지 어깨춤을 추시고 노래가 끝난 다음에는 고맙다고 손을 잡아 주셨습니다.

아마도 그 일이 병원 안에 소문이 난 모양이에요. 이럴 줄 알았으면 노래 연습 좀 하고 오는 건데…….

"어떤 노래를 부를까요?"

"저번에 불렀던 노래 있잖아, 그 노래 좋던데 한 번 불러 줘."

"네, 할머니."

나는 목청을 가다듬고 노래를 부르기 시작했습니다.

쾌지나 칭칭 나네 청천 하늘엔 잔별도 많고
쾌지나 칭칭 나네 또 내 가슴엔 희망도 많다
쾌지나 칭칭 나네 서산에 지는 해를

쾌지나 칭칭 나네 그 뉘라서 잡아매며
쾌지나 칭칭 나네 가는 세월을 막을 손가
쾌지나 칭칭 나네 쾌지나 칭칭 나네

내가 노래를 부르는 동안 병실에 모인 사람들은 박수로 장단을
맞추기도 하고 덩실덩실 어깨춤을 추기도 했습니다.

나 역시 흥이 나서 할아버지께 배운 춤사위를 선보였습니다. 할
머니들께서는 곱다며 칭찬해 주셨습니다.

나는 이어서 〈모심기 노래〉와 〈강강수월래〉, 〈둥당기타령〉 등을
불렀습니다. 〈둥당기타령〉은 내가 제일 좋아하는 노래라서 자신
있게 부를 수 있었어요.

〈둥당기타령〉을 부를 때 할머니들께서는 무릎을 치시면서 추임
새(판소리를 부를 때 북을 치는 사람이 노래 사이사이에 흥을 돋우려고
삽입하는 '좋지', '얼씨구' 등의 말)를 넣어 주셨습니다.

저기 가는 저 생애는 남생앤가 여생앤가
저승길에 가거들랑 우리 어매 만나거든

어린 동생 보챈다고 백수병에다 젖을 짜서
한숨으로 마개 들어 무지개로 끈을 달아
보내라소 보내라소 안개 손으로 보내라소
둥당에다 둥당에다 당기 둥당에 둥당에다

앞산 밭에 고추 심어 뒷산 밭에 마늘 심어
고추마을 맵단불로 씨누야 같이 매울소냐
둥당에다 둥당에다 당기 둥당에 둥당에다

미역 따고 전복 따서 우리 부친 봉양하고
해삼 따고 소라 따서 우리 낭군 섬겨 보세
둥당에다 둥당에다 당기 둥당에 둥당에다

바닷물이 원수 되면 물으란 고기도 아니 물고
요 내 청춘 늙어지면 오던 친구도 아니 온다
둥당에다 둥당에다 당기 둥당에 둥당에다

〈둥당기타령〉은 원래 아주머니들이 장독에 물을 담아 바가지를 엎어 놓고 숟가락으로 두드리면서 부르는 노래예요. 언젠가 외할머니 댁에 가서 아빠께 배운 노래에요.

〈둥당기타령〉은 신나지만은 않아요. 시집살이의 고통이나 친정식구들을 그리워하는 마음, 젊은 시절로 돌아가고 싶은 마음이 담겨 있기 때문이에요.

"아이고, 어쩜 저렇게 노래를 잘 부를까?"

열심히 박수를 치시던 할머니께서 말씀하셨습니다.

"옳지 옳아. 고추, 마늘 맵다한들 시누이보다 더 하겠나? 시어머니가 미운 것보다 시누이들이 더 얄미웠지."

"맞아. 때리는 시어머니보다 말리는 시누이가 더 밉다는 말이 괜히 나왔겠어."

할머니 두 분이 서로 맞장구를 치시니까 주변에 있던 사람들도 웃음을 지었습니다.

"이렇게 저렇게 한 세상 살다 보니 벌써 이만큼 늙어 꼬부라져 버렸네."

"젊어서 부모, 남편 모시고, 늙어서 자식 돌보고 몸이 편해지면 곧 죽을 때여."

"내 청춘 다 가면 우리 어매나 만나야지."

노래의 마지막 부분이 마음에 와 닿으셨는지 할머니 몇 분이 눈물을 훔치셨습니다.

　나는 〈둥당기타령〉의 가사가 마음에 와 닿지 않았습니다. 아직 시집살이를 해 본 적도 없고, 늙는다는 것이 어떤 느낌인지도 모르니까요.

　작은 공연을 마치자 병실에 있던 모든 분들이 박수를 쳤습니다. 노래를 부르느라 몰랐는데 문밖에서 구경을 하는 사람도 있었습니다.

　나는 마음 깊숙한 곳에서 무언가 뜨거운 것이 움직이는 느낌을 받았어요. 눈물이 날 것 같기도 했고요.

　한 아주머니께서 수고했다고 하시면서 음료수를 건네주셨습니다. 병실에 모인 사람들 저마다 젊었을 때 이야기를 꺼내기 시작했습니다.

　나는 어른들께서 이야기하는 틈을 타 병실 밖으로 나왔습니다. 계속 가슴이 두근거리고 멀미를 할 것 같은 기분이었어요.

　그때 엘리베이터 문이 열리고 박선호 아저씨의 모습이 보였습니다. 반가운 아저씨를 보자 방금 받은 감동으로 눈물이 날 것만 같았습니다. 하지만 우는 모습을 보이기 싫어서 마음을 진정시키려고 애썼습니다.

2 진정한 예술로 가는 길

"아, 아쉽네. 벌써 공연이 끝난 거야."

"안녕하세요?"

"표정이 왜 그래? 노래 부르다가 실수라도 한 거야?"

"아니요. 긴장을 해서 그런가 봐요."

"할머니들께서 많이 즐거워하셨겠다. 예전에는 병원 식구들이 나만 찾았었는데 이제는 예술이를 더 찾는다니까."

"부럽죠?"

"그래, 부러워서 배가 아플 지경이다. 하하하."

박선호 아저씨는 꿀밤을 먹이는 시늉을 하면서 소리를 내어 웃었습니다. 아저씨의 웃는 모습을 보니까 마음이 조금 가라앉는 것도 같았어요.

"아저씨, 하고 싶은 얘기가 있는데 들어주실래요?"

"그래, 좋아. 얘기 들어주는 게 내 전문이잖아."

나와 박선호 아저씨는 병원 휴게실에 앉았습니다. 휴게실은 하늘색 벽면과 옅은 분홍색 탁자 덕분에 따뜻한 느낌이 들었습니다.

"저, 사실은 고민이 있어요."

"고민? 이성 문제라면 아저씨가 좀 약한데……."

"이성 문제는 아니고요, 제 장래희망에 관한 거예요. 아저씨는 예술에 대해서 잘 아니까 어쩐지 제 마음을 잘 이해해 주실 것 같아서요."

"하하하. 예술에 대해서 잘 아는지는 모르겠지만 어디 한 번 들어보자. 편하게 얘기해 봐."

나는 박선호 아저씨에게 국악인과 가수 사이에서 고민하고 있다고 이야기했습니다. 어릴 적부터 전통음악을 듣고 자랐기 때문에 당연히 국악인을 하겠다고 생각했는데 가요 방송을 직접 보고 온 뒤에 생각이 조금 바뀌었다고요.

"요즘 애답지 않게 민요를 불러서 특이하다 싶었더니 할아버지와 아버지께서 유명한 국악인이시구나."

"아직 할아버지께서는 이 사실을 모르고 아빠와 엄마만 알고 계세요. 그런데 아빠는 내가 가수를 하겠다고 하니까 그 마음을 이해하시지 못해요. 가요는 진정한 음악이 아니래요."

"아버지 말씀대로 현대사회에서 예술은 대중매체와 관계를 맺고 대중문화를 형성했단다. 대중문화의 커다란 문제점은 예술의 자율성을 잃어버렸다는 거야. 다시 말해 예술이 상업성에만 치우쳐 영혼을 구원하는 기능을 잃어버린 거지."

"저도 부모님께 들었는데요. 대중문화는 누구나 쉽게 즐길 수 있다는 장점이 있지만 대부분 아름답고 즐거운 것들을 보여 주고 있대요."

"그래, 대중문화는 사람들이 상업적인 것에 치중하는 경향이 있어. 아도르노는 예술을 자율적 예술과 비자율적 예술로 나누었는데 상업성에 치중한 대중문화를 비자율적 예술이라고 했단다."

"그럼 자율적 예술은 상업성을 벗어나 현실의 고통을 표현하는 예술이겠네요?"

"그렇지. 자율적 예술은 독창적이고, 반복되지 않은 예술이란다. 아도르노는 이러한 예술을 '진정한 예술'이라고도 불렀어."

박선호 아저씨는 즐겁기만 한 예술은 우리를 웃게 할 수는 있지만 해결해야 할 문제들을 자꾸 미루게 하여 위험한 면이 있다고 했습니다.

월드컵의 경우에도 사람들이 화려한 경기장과 유명한 축구 선수, 승패 여부에만 관심을 가져서 축구공 하나가 어린이들의 힘든 노동의 결과로 만들어진다는 사실을 깨닫지 못하게 한다고 했습니다.

"요즘 사람들은 현실의 고통을 보기 싫어하고 재미있거나 편안한 것을 보려고 해. 때문에 자율적인 예술은 사람들로부터 버림받을 수도 있어. 예술은 사람들이 잊고 싶어 하는 어둡고 고통스러운 현실을 표현해서 현실의 참모습을 알도록 해야 한단다."

나는 머릿속으로 자율적 예술과 비자율적 예술을 정리해 보았습니다. 아빠께서 걱정하셨던 것처럼 대중문화가 비자율적 예술에 속한다는 사실은 분명하게 알 것 같았어요.

화려한 조명 속에서 강렬한 음악이 나오고, 멋진 외모의 가수가 눈길을 끄는 옷차림으로 등장합니다. 사람들은 눈앞의 자극에 빠져 자신에게 무슨 문제가 있었는지 잊게 되는 거지요.

담임선생님께서 고민이 생기면 노래방에 가서 목청껏 노래를 부른다고 하신 것도 이와 같은 맥락일 듯합니다.

"아도르노는 예술에서 '미메시스'라는 개념을 중요하게 생각했단다."

"미메시스가 뭔데요?"

"미메시스란 모방이라는 뜻으로 예술이 현실을 모방한다는 것이지. 미메시스에는 두 가지가 있는데, 하나는 잘못된 미메시스, 또 하나는 반성적 미메시스란다."

"잘못된 미메시스는 즐거움만 찾는 현실을 모방하는 것이고, 반성적 미메시스는 힘들고 고통스러운 현실까지 모방하는 것이죠?"

"와, 하나를 가르쳐 주면 열을 알겠는데! 아도르노는 예술이 반성적 미메시스를 버리고 잘못된 미메시스의 방향으로 가는 것을 비판했어. 예술이 반성적 미메시스를 추구할 때 우리는 자유로운 영혼을 얻을 수 있게 되는 거야."

내가 부른 노래에 울고 웃으시는 할머니들의 모습이 생각났습니다. 또 병실 선반마다 놓여 사람들에게 용기와 희망을 주는 조

각들을 떠올려 보았습니다.

　"내 생각에는 너희 아버지께서 국악인이냐 가수냐의 문제로 걱정하시는 것이 아니라 네가 비자율적 예술을 할까 봐 걱정하시는 것 같아. 너는 국악인과 가수 중 어느 쪽이 자율적 예술을 하는데 더 나을 것 같니?"

　나는 박선호 아저씨의 질문에 대답하지 않았습니다. 하지만 내 마음은 이미 어느 한쪽으로 기울어 새로운 꿈을 꾸고 있었습니다.

3 역시 국악인이 되고 싶어

학교 수업을 마치고 집에 돌아와서 아빠를 찾았습니다. 아빠는 지난 공연 때 촬영한 비디오를 보고 계셨어요.

"아빠."

"어, 예솔이 왔니? 너도 공연 테이프 좀 볼래?"

"네."

아빠 옆에 앉아서 텔레비전을 보았습니다. 부채를 드신 할아버지께서 온 힘을 다해 노래를 부르고 계셨습니다. 얼굴에 송골송골

맺힌 땀방울과 표정 하나하나 때문에 가슴이 찡했습니다.

공연 테이프에는 할아버지와 아빠께서 관객들에게 인사하는 장면과 내가 꽃다발을 전해드리는 모습까지 찍혀 있었습니다.

"와, 내 얼굴도 나왔어요."

"그러네. 우리 딸 진짜 예쁘다."

"신문에는 거의 뒷모습만 나왔는데…… 이 테이프는 방송에 안 나와요?"

"아마 그럴걸."

"아, 아쉽다. 친구들이 보면 다들 부러워할 텐데……."

녹화된 내 모습을 보며 아쉬워했습니다.

"근데 어쩐 일로 연습실에 왔니? 아빠 보러 온 거야?

"네, 드릴 말씀이 있어서요."

"그래? 드디어 마음을 결정한 거로구나."

아빠는 텔레비전과 비디오를 끄고 자리에 앉으셨습니다. 나도 아빠 옆에 다소곳이 앉았습니다.

"아빠, 저 가수 말고 국악인이 되기로 결정했어요."

"그 말 진심이니? 아빠가 곰곰이 생각해 봤는데 네가 꼭 국악을 해야 한다는 건 내 고집이었던 거 같다. 아빠는 네가 가수가 되더라도 진정한 음악을 하기만 한다면 찬성이야."

"저도 곰곰이 생각해 봤는데요, 아빠께서 말씀하시는 진정한 음악을 하기에는 국악이 더 맞는 것 같아요. 국악인이 되어서 꼭 자율적 예술을 지킬 거예요."

"자율적 예술? 아도르노의 이론을 얘기하는 거냐?"

"네."

아빠는 놀라신 듯 나를 바라보셨습니다. 나는 박선호 아저씨에 대한 이야기와 매주 토요일마다 병원으로 봉사활동을 다니면서 느낀 것들을 말씀드렸어요.

"박선호 아저씨는 호스피스 활동을 하면서 나무조각을 하는데요, 예술에 대해서 모르는 게 없어요."

"우리 예솔이에게 자율적 예술에 대해 가르친 걸 보니 그런 것 같구나."

"그 아저씨가 아도르노의 《미학 이론》이라는 책에서 배운 것을 저에게도 가르쳐 줬어요. 예술은 반성적 미메시스를 담아서 사람들이 현실의 문제를 잊지 않도록 해야 한대요."

"허허허. 그 아저씨에게 상이라도 줘야겠는데. 예솔이는 그 얘기를 정말 다 이해한 거야?"

"그럼요. 제 머리가 좀 좋잖아요. 노래 가르쳐 주실 때마다 잘 외운다고 하셨으면서……."

"맞아, 그랬지. 기왕 아도르노 얘기가 나왔으니 말인데, 예술에는 단순한 기술 이상의 기예가 필요하단다."

"기술은 뭐고, 기예는 뭐예요?"

"기술은 아름다운 것만을 표현하는 것이고, 기예는 아름답지 않은 것까지 표현하는 것이야. 예술에 기술이 필요한 것은 사실이지만 기술에만 신경을 쓰면 자신의 마음을 담을 수 없지. 자신의 혼을 불어넣는 기예까지 담아내야 진정한 예술이라고 할 수 있어."

"그럼 저는 기예까지 담아내는 국악인이 될게요."

"고통이 있으니까 기쁨도 있는 것처럼 아름답지 않은 것이 있으니까 아름다운 것도 있다는 것을 잊지 마라. 자율적 예술을 하려면 기술에 치우쳐서는 안 돼."

"네, 아빠."

나와 아빠는 잠깐 동안 아무 말이 없었습니다. 아빠가 북을 매만지시면서 무언가 생각하고 계셨거든요.

"이 북이 다시 가치를 찾아서 다행이구나. 아빠는 할아버지랑 예솔이가 노래를 부를 때 이 북으로 박자를 맞춰 주는 것이 가장 행복하단다."

"저도 아빠랑 노래 부르는 게 제일 좋아요. 그동안 얼마나 아빠랑 노래를 부르고 싶었는데요. 실은 아빠 몰래 병원에서 노래 연습도 했어요."

"녀석, 병원에서 조용히 하지 않고."

"병원 사람들이 저에게 부탁해서 불렀어요. 할머니들께서 얼마나 좋아하셨는지 몰라요. 저 병원에서 인기인이 됐어요."

"하하하, 장하다! 우리 딸."

"아빠, 오랜만에 같이 노래 불러요."

"그래, 무슨 노래가 좋을까?"

"풍년가 어때요?"

"좋지, 한 번 불러 보자."

아빠는 풍년가의 굿거리장단에 맞추어 북을 치셨습니다. 나는 아빠가 북채를 잡은 모습이 매우 좋았어요. 아빠와 나는 '풍년이 왔네, 풍년이 왔네' 하며 즐거운 마음으로 풍년가를 불렀습니다.

철학 돋보기

진정한 예술로 가는 길

예솔이는 조각가 아저씨의 만남과 병원에서 있었던 공연을 통해 가수가 되겠다는 꿈을 접고 다시 국악인이 되기로 결심합니다. 가수가 되겠다는 자신의 꿈이 진실하지 않았다는 사실을 깨달았던 것이죠. 주변의 시선을 의식하지 않고 자신이 하고 싶은 일을 하겠다는 예솔이는 대단히 용기 있는 결정을 했다고 할 수 있겠습니다.

아도르노의 지적처럼 관리된 사회에서 주체적인 태도를 보이기란 대단히 힘든 일입니다. 왜냐하면 관리된 사회는 예술의 자율성을 빼앗고 사람들을 수동적인 존재로 만들기 때문입니다. 아도르노는 관리된 사회에서 예술의 형태를 '비자율적 예술'과 '자율적 예술'로 나눕니다. '비자율적 예술'이란 상업성에만 치우쳐 인간의 영혼을 구원하는 기능을 상실한 예술을 말합니다. 물론 '자율적 예술'이란 현실의 고통을 표현하는 독창적인 예술을 말합니다.

그렇다면 상업성에만 치우친 문화산업의 비자율적인 예술에서 벗어나 진정한 예술의 길로 나아가는 방법은 무엇일까요? 아도르노는 '잘못된 미메시스'와 '반성적 미메시스'를 주장하며 '미메시스'라는 개념을 제시합니다.

원래 '미메시스'란 모방이라는 뜻입니다. '잘못된 미메시스'는 겉으로 드러난 화려한 현실만 모방하여 인간의 고통을 외면하는 미메시스입니다. 그리고 '반성적 미메시스'란 현실 속에 숨어 있는 인간의 고통을 모방함으로써 인간의 영혼을 구원하려는 미메시스입니다.

아도르노는 현대 예술이 '반성적 미메시스'에서 벗어나 '잘못된 미메시스'로 가는 것을 비판합니다. 관리된 사회에서 영혼이 상실된 현대인의 모습을 비판하고 참된 예술로 가기 위해서는 무엇보다도 '비판적 이성'이 중요할 것입니다. "왜 그런가?"라고 질문하는 태도가 필요하다는 것입니다. 예솔이가 국악인의 길로 가게 된 것도 이러한 비판적 이성을 통해서 가능했을 것입니다. 여러분도 항상 "왜 그런가?"를 묻는 태도를 갖기 바랍니다.

에필로그

내가 국악인이 되기로 결심한 뒤 거실에는 숨겨두었던 텔레비전이 다시 등장했습니다. 나는 밀린 숙제를 한꺼번에 하듯이 틈만 나면 텔레비전을 보았어요.

오늘도 연습이 끝나고 텔레비전을 보는데 흥미로운 소식을 듣게 되었습니다.

제 13회 전국 청소년 국악대전
2008년 ○월 ○일 국립 교양 예술회관
초·중·고 학생 모두 참가 가능하며,
종목은 판소리나 민요, 기악, 무용임.

나는 부리나케 아빠와 엄마를 찾았습니다. 두 분은 텃밭에서 상추를 뜯고 계셨습니다.

"아빠, 엄마. 저 전국 청소년 국악대전에 나갈 거예요."

그 다음 날 엄마와 나는 대회에 참가하겠다는 신청서를 내러 갔습니다. 전국 대회라지만 국악에 관심이 있는 사람이 이렇게 많았나 싶을 정도로 복잡했어요.

집으로 돌아오는 길에 우리는 피자를 먹었습니다.

"아빠도 같이 오셨으면 좋았을 텐데 왜 못 오시게 한 거니?"

"아빠는 국악계에서 유명한 사람이잖아요. 아빠랑 같이 참가 신청서를 내러 오면 사람들이 쳐다볼 수도 있으니까 안 돼요."

"아빠 때문에 알려지고 싶지는 않다 이거지?"

"당연하죠. 대회에 나가는 날에는 저 혼자 올 거예요."

"왜? 엄마는 국악계에서 유명하지 않잖아."

"그래도 안심이 안 돼요. 저는 정정당당하게 제 실력으로 1등을 할 거예요."

드디어 전국 청소년 국악대전이 열리는 날이 되었습니다. 그동안 나는 텔레비전도 안 보고 열심히 연습을 했어요. 아빠께서도 내 실력이면

충분히 1등을 할 수 있을 거라고 하셔서 자신감에 차 있었습니다.

"혼자 가도 괜찮겠니? 엄마가 같이 갈게."

"아니에요. 텔레비전에서 생방송으로 나온다고 했으니까 할아버지랑 아빠랑 같이 보세요."

나는 엄마의 걱정을 뒤로 하고 씩씩하게 집을 나섰습니다. 하지만 막상 대회장으로 가는 버스를 타니 가슴이 두근거리면서 겁이 났습니다.

나는 박선호 아저씨가 생각이 나서 병원으로 전화를 걸었습니다.

"어머, 예솔아. 매주 얼굴 보면서 전화 통화는 처음하는 것 같네. 무슨 일로 전화했니?"

"아, 오늘 일이 있어서 병원에 못 가요."

"그러니? 사람들이 섭섭해 하겠다."

"저, 혹시 박선호 아저씨 있어요?"

"박선호 아저씨? 잠깐만 기다려 봐."

나는 안심했습니다. 아저씨가 병원에 없으면 부탁드리지 못할 뻔했는데……. 아저씨가 바빠서 못 온다고 해도 일단은 얘기해 봐야겠어요.

"예솔아, 병원에 못 온다면서?"

"네, 오늘 국악 대회가 있거든요."

"그래? 지금 가는 길이니? 잘하고 와."

"아저씨, 대회장에 와 주시면 안 될까요?"

"내가?"

"네, 정정당당하게 1등하고 싶어서 혼자 대회장에 가는 길인데 조금 무서워요."

"하하하, 알았어. 금방 갈게."

나는 박선호 아저씨에게 국립 교양 예술회관의 위치를 알려 주었습니다. 아직 아저씨의 얼굴을 본 것도 아닌데 벌써 마음이 가라앉는 듯했습니다.

대회장에 도착해서 박선호 아저씨를 찾았습니다.

'이럴 줄 알았으면 핸드폰 번호라도 알아둘걸.'

한참을 건물 입구에서 서성거리고 있었는데, 마침내 아저씨의 모습이 보였습니다. 옆에는 재원이도 있었습니다.

"누나, 안녕?"

"어머, 퇴원했구나. 얼른 나아서 다행이야."

"아직 다 나은 게 아니라서, 몇 밤 자고 또 병원에 가야 해."

"통원 치료를 받으면 금방 나을 거야."

재원이가 너무 반가워서 아저씨를 만나기로 했었다는 사실은 깜빡 잊었습니다.

"아저씨는 안 보이니? 둘이 너무 친하니까 질투 나는데……."

"히히. 안녕하세요? 아저씨."

"오늘 재원이가 퇴원하는 날이어서 데리고 왔어. 너 보러 간다니까 따라오겠다고 얼마나 떼를 썼는지 몰라. 너를 너무 좋아하는 것 같아. 하하하."

"재원이는 누나가 그렇게 좋아?"

"응, 누나는 어린 왕자 같아서 좋아."

"내가 어린 왕자 같다고?"

"응, 어린 왕자는 돈보다 친구를 더 중요하게 생각하잖아. 자기 별에 있는 장미꽃도 사랑하고. 누나도 돈보다 병원에 있는 사람들을 더 좋아 하고, 병원 사람들한테 노래를 불러 주니까 어린 왕자랑 비슷해."

나는 재원이 손에 들려 있는 어린 왕자 조각을 보았습니다. 그리고 빙 그레 웃었어요. 재원이는 내가 어린 왕자와 닮았다지만 나는 재원이가 더 어린 왕자처럼 보였습니다.

병실에서 재원이를 처음 만났을 때 재원이는 정말 얄미운 아이였어 요. 아마 돈을 좋아한다는 엄마 때문이겠죠? 하지만 지금은 어린 왕자 를 닮은 귀여운 아이로 보이네요.

"우리 엄마가 그러는데 누나는 어린 왕자 같아서 꼭 1등을 할 수 있을 거래. 온 마음을 다하는 사람은 자신이 바라는 것을 이룰 수 있대."

"그래? 엄마가 그러셨어?"

"응."

나는 돈만 좋아한다던 재원이의 어머니가 예전과 달라지신 것 같아 기뻤어요.

'대회에 출전하는 학생들은 대기실로 오십시오. 곧 제 13회 전국 청소년 국악대전이 열릴 예정입니다.'

우리가 대회장 밖에서 이야기를 나누고 있는 사이 안내 방송이 나왔습니다.

"자, 이제 대기실에 들어가야지. 우리는 자리에 앉아서 열심히 응원할게."

"네, 들어갈게요."

"아, 깜빡할 뻔했네. 자, 이거 선물이야."

"이게 뭐예요?"

박선호 아저씨는 포장지에 싸인 물건을 내게 내밀었어요. 나는 천천히 비닐 포장지를 뜯었습니다.

"와, 나무조각이다."

박선호 아저씨가 준 선물은 한복을 입고 부채를 든 여자아이가 노래를 부르는 모습의 조각이었습니다. 그런데 신기하게도 그 조각 여자아이의 표정이 공연 때 할아버지께서 지으시는 표정과 비슷했어요.

"너는 꼭 훌륭한 국악인이 될 거야. 열심히 해."

"네, 고맙습니다."

"누나, 파이팅!"

"고마워. 재원이도 화이팅!"

나는 아저씨가 만들어 주신 나무조각을 들고, 대기실로 갔습니다. 오늘 이 대회장 안에서 내가 제일 멋진 노래를 부를 거예요. 그래서 나는 한 손에는 트로피를 들고, 다른 한 손에는 나무조각을 들고 집에 갈 생각입니다.

통합형 논술
활용노트

01 제시문 (가)는 아름다움의 기준에 관한 글이고, 제시문 (나)는 외국인들에게 비친 우리 사회의 성형 열풍에 관한 글입니다. 제시문 (나)를 참고하여 성형 열풍의 원인과 문제점을 지적한 후, 제시문 (가)의 내용을 바탕으로 진정한 아름다움이란 무엇인지 논술하시오.

(가) 나는 그 연예인의 예전 모습을 떠올리면서 사진을 살펴보았습니다. 유명한 연예인의 사진이라서 그런지 아이들 몇 명이 웅성거렸습니다. 분명 김미희 씨의 얼굴은 나이에 비해 어려 보이고 이목구비가 뚜렷하여 예뻐 보였습니다. 그러나 어딘지 모르게 부자연스러운 느낌이 들고 테레사 수녀의 모습에서 느낀 따뜻하고 편안한 분위기는 없었습니다.

"선생님, 두 사진을 비교해보니 테레사 수녀님의 사진이 더 아름다운 것 같아요. 아름다움의 기준에는 외모 외에도 성격이나 행동방식, 마음 등이 있잖아요? 겉모습만으로 아름다움을 평가하는 것은 좁은 생각 아닐까요? 다양한 아름다움이 있다는 것을 안다면 테레사 수녀님의 모습이 더 아름다워 보일 거라고 생각해요."

(······)

"사람을 외모로 평가하는 외모지상주의는 옳지 않다고 생각해요. 외모는 아름다운 것들 중에 하나이지 아름다움에 외모만 해당되는 것은 아니기 때문이에요."

"중요한 것은 내면이에요. 사람들은 눈으로 쉽게 볼 수 있는 외면의 아

름다움만을 찾으려고 해요. 이것은 내면의 아름다움을 볼 수 있는 눈이 없기 때문이라고 생각해요."

"우리가 외면의 아름다움을 좇는 것은 현대사회의 문제라고 생각해요. 현대사회에서는 돈과 상품의 가치가 중요하고 물건을 많이 팔아 돈을 벌기 위해서 광고에 예쁜 연예인들을 등장시켜요. 그럼 사람들은 예쁜 연예인과 좋은 상품, 돈을 같이 연결하여 생각하게 되고 예쁜 것이 좋다는 생각을 할 수도 있어요."

- 《아도르노가 들려주는 예술 이야기》 중

(나) 한국 사회의 성형 열풍은 외국인들에게는 충격 그 자체이다.

연세대 한국어학당에 다니는 캐나다인 로베이다 던포드(34세, 여)는 "말은 들었지만 이 정도로 심한 줄은 몰랐다"며 "성형이 하나의 패션이 돼 버린 것 같다"고 했다. "고3 학생들이 졸업 선물로 성형수술을 받는다고 들었는데 충격적이었다"며 "서양인의 눈에는 동양인만의 아름다움이 특별하게 느껴지는데 왜 자꾸만 서구인처럼 바꾸려는 건지 모르겠다"고도 했다.

한국계 프랑스인인 고려대 시몬 김 교수(불문학)는 "성형외과가 모인 압구정동은 프랑스에서는 상상하기 힘든 풍경"이라고 말했다.

김 교수는 "한국은 취업 이력서에 사진을 부탁하는데 프랑스에서는 불법"이라고 전했다. 이어 "프랑스는 다인종, 다문화 사회여서인지 생김새

가 어떻든 신경을 쓰지 않는 편"이라며 "반면 한국에서는 누군가와 비
슷해지기 위해서 수술하는 경우도 있는 것 같다"고 말했다.

- ○○신문, 2007년 2월 22일자 기사 중

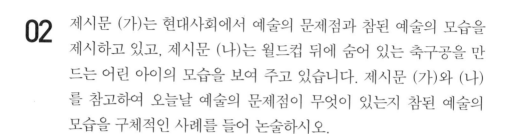

02 제시문 (가)는 현대사회에서 예술의 문제점과 참된 예술의 모습을 제시하고 있고, 제시문 (나)는 월드컵 뒤에 숨어 있는 축구공을 만드는 어린 아이의 모습을 보여 주고 있습니다. 제시문 (가)와 (나)를 참고하여 오늘날 예술의 문제점이 무엇이 있는지 참된 예술의 모습을 구체적인 사례를 들어 논술하시오.

(가) "아버지 말씀대로 현대사회에서 예술은 대중매체와 관계를 맺고 대중문화를 형성했단다. 이러한 대중문화의 커다란 문제점은 예술의 자율성을 잃어버렸다는 것이야. 다시 말해 예술이 상업성에만 치우쳐 영혼을 구원하는 기능을 잃어버렸다는 거지."

"저도 부모님께 들었는데요. 대중문화는 누구나 쉽게 즐길 수 있다는 장점이 있지만 대부분 아름답고 즐거운 것들만을 보여 주고 있대요."

"그래 대중문화는 사람들이 살 만한 것들에 치중하는 경향이 있지. 아도르노는 예술을 자율적 예술과 비자율적 예술로 나누었는데 상업성에 치중한 대중문화를 비자율적 예술이라고 했단다."

"그럼 비자율적 예술은 상업성을 벗어나 현실의 고통을 표현하는 예술이겠네요?"

"그렇지 자율적 예술은 독창적이고, 반복되지 않은 예술이란다. 아도르노는 이러한 예술을 '진정한 예술'이라고도 불렀어."

"요즘 사람들은 현실의 고통을 보기 싫어하고 재미있거나 편안한 것을

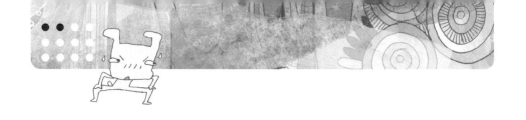

보려고 하지. 그 때문에 자율적 예술은 사람들로부터 버림을 받을 수도 있어. 하지만 예술은 사람들이 잊고 싶어하는 어둡고 고통스러운 현실을 표현해서 현실의 참모습을 알도록 해야 한단다."

―《아도르노가 들려주는 예술 이야기》 중

(나) "너는 월드컵 하면 뭐가 생각나니?"

"박지성이나 히딩크, 붉은 악마, 축구장, 내가 좋아하는 베컴 선수요!"

"그래, 대부분의 사람들이 월드컵과 관련해서 떠올리는 단어들이지."

"그럼 아저씨는 월드컵 하면 뭐가 생각나요?"

"나는 축구공을 만드는 노동자."

"에? 왜요?"

(……)

"우리나라 아이들은 엄마나 아빠를 졸라서 축구공을 살 수 있지만 파키스탄의 아이들은 배가 고파 축구공을 만드는 것이지. 우리가 흔히 사용하는 축구공은 32조각의 가죽과 1620회의 바느질을 해서 만들어진단다. 1620회의 바느질을 바로 파키스탄 아이들이 하는 거야. 그들 중에는 대여섯 살 정도의 어린 아이들도 있다니 정말 놀랍지? 또 아이들이 축구공을 하나 만들 때마다 받는 돈은 대략 100원에서 150원 정도 된대. 즉, 하루 12시간 이상 축구공을 만들어도 2천원을 벌기가 어려운 셈이야.

나는 아이들의 가난한 사정을 알고 내가 도울 수 있는 일이 뭐가 있을까 고민을 했어. 미술을 열심히 가르치는 것도 좋지만, 수업을 들을 수 있는 학생이 많지는 않았으니까.

그러다 '내 특기를 살려 나무 조각을 만들어주면 어떨까' 하는 생각이 들었단다. 워낙 가난한 아이들이라서 장난감이 없었으니까 좋아할 것 같았어. 또 나무조각에 아이들의 꿈과 희망을 담으면 아이들에게 용기를 줄 수 있겠다 싶었지."

―《아도르노가 들려주는 예술 이야기》중

통합형 논술
문제풀이

01 제시문 (나)에서는 한국 사회의 성형 열풍의 원인과 문제점을 크게 두 가지로 설명하고 있습니다. 첫째로 취업할 때 외모를 중시하는 우리 사회의 풍토를 들 수 있습니다. 프랑스와 같은 외국의 경우엔 이력서에 사진란이 없습니다. 하지만 우리나라에서 쓰는 이력서엔 사진란이 있습니다. 외모 또한 직원을 채용하는 하나의 기준이라고 여겨지기 때문에 사람들도 자신의 외모를 신경 쓸 수밖에 없습니다.

둘째로 개성의 상실을 들 수 있습니다. 무조건 외모만을 아름다움의 기준으로 보니까 아름다움 외의 다양한 면이 무시되고 있습니다. 사람마다 남들과는 다른 독특한 개성이 있습니다. 하지만 우리 사회는 외모라는 한 가지 측면만을 아름다움의 기준으로 강요하니까 다른 개성을 발휘하기가 힘들어집니다.

외모만을 아름다움의 기준으로 삼는다면 우리 사회를 살아가는 사람들은 개성을 잃고 모두 획일화될 것입니다. 그렇게 되지 않기 위해서는 제시문 (가)에서 주장하고

있는 것처럼 아름다움의 다양한 모습을 발견하는 것이 중요합니다. 테레사 수녀처럼 주름살이 패인 외모라 할지라도 자신의 전 생애를 소외된 사람을 위해서 봉사하는 것 또한 매우 아름다운 모습이라고 할 수 있습니다.

02 제시문 (가)에 의하면 오늘날 예술의 문제점은 인간의 영혼을 구원하는 기능을 잃었다는 데에 있습니다. 특히 대중문화는 지나치게 상업성에만 치우친 나머지 즐겁게 웃을 수 있는 것만을 보여 주려 합니다. 이러한 대중문화의 영향으로 예술도 자율적인 기능을 상실하고 인간의 고통을 치유하는 기능을 소홀히 하게 되었습니다.

제시문 (나)의 사례처럼, 우리가 즐겁게 보는 월드컵 경기에는 축구공을 만드는 어린 아이들의 고통스런 노동이 숨어 있습니다. 우리는 겉으로 드러난 월드컵 경기만을 볼 뿐 그 속에 숨어 있는 고통을 보지 못합니다. 예술이 본래 기능을 회복하기

위해서는 가난한 아이들을 위해 장난감을
만들어 주는 조각가 아저씨와 같은 분이
필요할 것입니다.

아도르노가 이야기하듯이 관리된 사회의
억압적인 분위기 때문에 예술은 자율적인
기능을 잃게 되었습니다. 우리 시대엔 백
남준 비디오 아티스트처럼 낯설고 새로운
것을 보여 주는 예술도 필요합니다. 왜냐
하면 이를 통해서 우리는 현실을 반성할
수 있기 때문입니다.